I0816346

PEDRO CAMPOS

CÓMO SUFRIR UN POCO MENOS

SABIDURÍA BUDISTA PARA ENFRENTAR LA VIDA

Grijalbo

El papel utilizado para la impresión de este libro ha sido fabricado a partir de madera
procedente de bosques y plantaciones gestionadas con los más altos estándares ambientales,
garantizando una explotación de los recursos sostenible con el medio ambiente y beneficiosa para las personas.

Cómo sufrir un poco menos
Sabiduría budista para enfrentar la vida

Primera edición: agosto, 2025

penguinlibros.com

ISBN: 978-607-386-203-5

Impreso en México – *Printed in Mexico*

Si sabes cómo sufrir, sufrirás menos.

THICH NHAT HANH

ÍNDICE

EL CLUB DE LOS CORAZONES QUE SUFREN

Bienvenido al club más grande del mundo. Donde nadie se libra de sufrir. Donde nadie está exento de experimentar dolor, estrés, frustración, angustia, descontento, ansiedad o confusión. Donde hacemos lo mejor que podemos para lidiar con esta vida caótica e incontrolable.

Somos **El club de los corazones que sufren** y el único requisito para ser miembro es nacer. ¿Será por eso que nacemos llorando?

No es necesario sufrir intensamente para pertenecer a esta bella comunidad. Aquí hay espacio para todos los niveles de sufrimiento: desde los más sutiles malestares físicos, hasta las más desgarradoras crisis existenciales.

Toma asiento. Siéntete como en casa. Aquí nadie va a juzgarte, ya que todos sufrimos por algo:

La pérdida de un ser amado
Las deudas en el banco
La ruptura de una relación
El exceso de trabajo
Los conflictos familiares
El tráfico

El cáncer
La demencia
El hipotiroidismo
La fiesta del vecino a las 3:00 a.m.
El temor a la incertidumbre
La injusticia social
Los platos acumulados en el fregadero
Los hijos que no hacen caso
Los padres que no comprenden
El deseo de ser madre y no poder
La fila que no avanza
La cartera perdida
El amor no correspondido
La muerte de una mascota
El dolor en la espalda baja
La sensación de no ser suficiente

Cabe aclarar que no es la autolamentación ni el victimismo lo que nos caracteriza. Lo que nos interesa en esta agrupación es sentirnos acompañados mientras aprendemos a lidiar mejor con nuestro sufrimiento. No buscamos un alivio temporal, evasivo ni superficial, sino una transformación profunda que nos ayude a enfrentar la vida con amor, ligereza, sabiduría y algo de humor. Queremos sufrir un poco menos.

Nuestra práctica se basa en lo siguiente:

1. **Aceptar** el sufrimiento como parte natural de la experiencia humana.

2. **Abrazar** el sufrimiento como una madre abrazaría a su hijo.
3. **Prestar** atención al sufrimiento para comprenderlo mejor.
4. **Reconocer y soltar** los hábitos que nos hacen sufrir más de lo necesario.
5. **Ajustar** aquello que esté dentro de nuestras posibilidades.
6. **Crear** una vida basada en la sabiduría, el cuidado amoroso y la atención consciente.
7. **Acompañar** a otros en su sufrimiento y ayudarles a sufrir menos.
8. **Divertirnos** en el proceso, sin tomarnos a nosotros mismos tan en serio.

Si estas ideas resuenan en ti y es algo que te gustaría practicar, no me queda más que darte la más cordial bienvenida a nuestro club. Siéntete parte, siéntete acompañado, siéntete comprendido, pero, sobre todo, siéntete abrazado.

TU NOMBRE AQUÍ

MIEMBRO OFICIAL

ACERCA DE ESTE LIBRO

En este libro encontrarás enseñanzas budistas que pueden ayudarte a vivir con calma, amor y ligereza en medio de esta realidad imperfecta. A través de reflexiones, historias, dibujos y ejercicios, haremos un recorrido por una metodología práctica para comprender, abrazar y transformar la amplia gama de experiencias insatisfactorias que todos los seres humanos enfrentamos en la vida cotidiana. No necesitas convertirte en budista para comprender y practicar estas propuestas. Verás que son simples y amigables.

Elegí el título *Cómo sufrir un poco menos*, porque es la descripción que mejor coincide con el resultado de aplicar las enseñanzas del budismo en mi vivir diario. Aunque no soy oficialmente budista, llevo varios años empleando las herramientas que esta tradición milenaria nos ofrece, y puedo decir que me hacen mucho bien. Mi relación con el sufrimiento ha cambiado bastante. Ya no lo veo como un defecto del cual necesito deshacerme, sino como una experiencia que puedo abrazar amorosamente. Sigo siendo una persona con tendencias controladoras y una fuerte inclinación hacia la evasión emocional. Pero una parte de mí se siente más despierta, más tierna, más humana. Abrirme al sufrimiento, me ha ayudado —paradójicamente— a sufrir menos. Por otro lado, en el budismo también he encontrado una guía para crear una cotidianidad más llevadera y con menos dramas innecesarios. A través de hábitos como la meditación, el cuestionamiento constante de mis puntos de vista y el cultivo de una conducta ética, he conseguido establecer prácticas de cuidado personal y colectivo que me ayudan a prevenir que ciertas circunstancias se conviertan en fuente de sufrimiento para mí y para quienes me rodean.

Con el propósito de evitar posibles malentendidos, me gustaría hablar un poco acerca de qué es el budismo y de cómo podemos aproximarnos a él sin ningún tipo de temor.

Existen muchos tipos de budismo. Cada corriente (y cada individuo) tiene su manera particular de estudiarlo y practicarlo. Lo que expondré a continuación, representa únicamente mi propio entendimiento del tema y no pretende hablar por todos los budismos.

Podemos empezar diciendo que Buda no es un dios ni una figura a la cual adorar. El budismo no busca explicar las cosas a través de la existencia (o no existencia) de una deidad. Los budistas no le rezan a Buda. Su práctica se centra principalmente en cultivar un estilo de vida encaminado a reducir el sufrimiento y a potenciar el bienestar. La palabra buda significa «despierto». Un buda es una persona que ha logrado dejar atrás las ilusiones que le hacen sufrir mentalmente, como quien despierta de una pesadilla. En este caso, la pesadilla no es otra cosa más que nuestros propios juicios y expectativas.

Se dice que hace más de 2500 años existió un hombre que logró convertirse en buda y que, después de despertar, se dedicó a mostrar a otros el camino para lograrlo. Se llamaba Siddharta Gautama y es la persona a la que normalmente nos referimos cuando hablamos del Buda.

Las enseñanzas que el Buda Gautama compartió conforman un conjunto de prácticas que conducen a una vida con menos angustia aquí y ahora. Estas se basan en aceptar la realidad tal como es (cambiante y compleja), en mantener una relación compasiva con quienes nos rodean (procurando no hacer daño) y en liberarnos de los patrones mentales (a través de la meditación) que nos hacen reaccionar de formas impulsivas.

Lo que el Buda compartió en forma de discursos, fue memorizado por sus alumnos, transmitido de boca en boca y puesto por escrito cientos de años después de su muerte. Sus palabras han sido —y siguen siendo— interpretadas y enriquecidas por muchísimas personas a lo largo del tiempo y a lo ancho del planeta. Es por eso que el budismo es una tradición espiritual diversa y dinámica, que ofrece algo valioso a todas las personas, incluso a quienes no se consideran budistas o profesan otra religión.

¿Entonces qué es el budismo? La respuesta dependerá de a quién se lo preguntes. Si me lo preguntas a mí, te diré que es algo que vale la pena conocer y poner a prueba, para que seas tú mismo quien decida si puede ayudarte a sufrir menos, o no. Este libro es un punto de partida para intentarlo. Espero que te sirva.

ACLARACIONES NECESARIAS ANTES DE COMENZAR

Me parece importante dejar en claro desde un inicio que este libro tiene sus limitaciones. Hablar del sufrimiento es hablar de un entretejido de factores, donde lo político, lo histórico, lo social y lo ambiental juegan un rol complejísimo.

Habitamos un mundo en crisis. Las noticias nos lo recuerdan todos los días: guerras, genocidios, cambio climático, violencia e injusticias. Son problemas inmensos y desgarradores que nos afectan a todos, especialmente a quienes viven en condiciones vulnerables, con menos recursos y oportunidades. Lidiar con esta realidad puede ser realmente abrumador.

En estas páginas no pretendo ofrecer una solución al sufrimiento sistemático de la humanidad. Mi propósito es más modesto: brindar herramientas para sobrellevar los malestares cotidianos, como el estrés, la ansiedad, la autoexigencia, la insatisfacción o la dificultad de estar en paz con nosotros mismos, que experimentamos quienes tenemos la fortuna de vivir con nuestras necesidades básicas cubiertas y desenvolvernos en entornos relativamente seguros.

Cabe aclarar que los consejos aquí compartidos no reemplazan el acompañamiento psicológico o médico de un profesional.

Te invito a disfrutar de este libro manteniendo activo tu criterio. Si algo resuena en ti, llévalo a la práctica con curiosidad y explora qué efecto tiene en tu vida. Quédate con lo que te ayude a sufrir menos y descarta lo que no.

Ahora sí, ¡comencemos!

CAPÍTULO 1

LAS CUATRO NOBLES VERDADES

LOS CAMINOS DE LA VIDA

Los caminos de la vida
no son como yo pensaba,
como los imaginaba;
no son como yo creía.

LOS DIABLITOS,
«Los caminos de la vida»

Hace más de 2 500 años, mucho antes de que Los Diablitos interpretaran «Los caminos de la vida» al son de cumbia, un hombre llamado Siddharta Gautama (quien después se convertiría en el Buda), descubrió que los caminos de la vida, efectivamente, no son cómo él los imaginaba.

Se dice que Siddharta pertenecía a una familia privilegiada y poderosa que gobernaba un reino en la región que hoy conocemos como Nepal. El joven Gautama vivía en un gran palacio con lujos y placeres, aislado de la realidad del exterior. Su destino era convertirse en gobernante. Pero, a pesar de tenerlo todo, Siddharta no se sentía plenamente satisfecho. Sentía que le faltaba encontrar una felicidad más profunda.

Un buen día, motivado por su curiosidad, decidió salir de excursión con la intención de descubrir qué había más allá de sus aposentos. Para no ir solo, le pidió a Channa, quien era uno de sus sirvientes más cercanos, que lo acompañara.

En su recorrido, Siddharta presenció cosas que nunca antes había visto, por vivir en la burbuja de su palacio. Primero se topó con una persona afligida por el dolor de la enfermedad. Luego se encontró con un hombre canoso y encorvado que padecía su vejez. Después divisó un ritual fúnebre, donde un cadáver lo hizo caer en la cuenta de que la muerte existe.

Sorprendido por tan impactantes imágenes, le preguntó a su fiel acompañante si todo eso era normal. Y Channa respondió que sí, que todos en este mundo, en algún momento de la vida, enfermaremos, envejeceremos y moriremos.

—¿Mis seres queridos y yo también? —le preguntó el inocente joven.

—¡Pues claro que sí! —le respondió Channa.

Al recibir esta tremenda noticia, Gautama empezó a experimentar emociones de miedo, angustia, preocupación y descontento. Siddharta se encontró cara a cara con el sufrimiento.

Los caminos de la vida
son muy difícil de andarlos,
difícil de caminarlos,
y no encuentro la salida.

Para su buena suerte, antes de regresar al palacio, Siddharta y Channa vieron a una persona más. Era un hombre que caminaba serenamente, con una sonrisa que transmitía mucha paz.

—¿Y quién es esa persona que luce tan plena?

—Es un renunciante, un sabio, un practicante espiritual —le contestó Channa.

En ese momento, Siddharta descubrió que, tal vez, sí era posible encontrar la salida.

Animado a seguir una práctica espiritual, Siddharta tomó la decisión de renunciar a todas sus comodidades y a su futuro cargo como gobernante, para ir en busca de la sabiduría.

En su camino se encontró con distintos maestros que le enseñaron a practicar el ascetismo, un estilo de vida que consiste en mortificar el cuerpo para purificar el espíritu a través de la negación de los placeres materiales. Se dice que únicamente comía un grano de arroz al día y meditaba por largas horas bajo la intensidad del sol quemando su piel.

A pesar de todos sus esfuerzos, estas prácticas no estaban ayudando a Siddharta a alcanzar sus objetivos espirituales y, encima de eso, lo estaban debilitando muchísimo, llevándolo casi al borde de la muerte.

Entonces, Gautama, quien ya había obtenido cierto nivel de experiencia y conocimientos espirituales, optó por seguir un camino medio, alejado de los extremos. Ni todos los placeres de su palacio, ni toda la mortificación del ascetismo. Siguiendo ese camino, se nutrió, se vistió y se sentó a meditar con una sonrisa bajo un hermoso árbol. Después de una larga y profunda meditación, al fin pudo comprender el sufrimiento, su causa y la forma de liberarse de él. En ese momento Siddharta se iluminó.

Entusiasmado por su hallazgo y convencido de que era de gran importancia compartir su descubrimiento para que más personas pudieran iluminarse, tomó la decisión de enseñar. Primero se acercó a sus viejos compañeros de meditación ascética. Les habló acerca del camino medio y de cómo transformar el sufrimiento. Poco a poco, sus enseñanzas empezaron a cautivar a personas de todas las edades y de todos los estratos sociales. Gautama se convirtió en un maestro muy querido. Sus alumnos lo llamaban *Buda*, que significa *el despierto*.

Desde el momento de su iluminación y hasta el último día de su vida, el Buda se dedicó a enseñar acerca del sufrimiento y el cese del sufrimiento. Luego de su muerte, sus enseñanzas continuaron transmitiéndose de generación en generación. Hasta el día de hoy siguen siendo de gran utilidad, sobre todo para aquellos que ya nos dimos cuenta de que los caminos de la vida son muy difíciles de andar, pero que intuimos que es posible encontrar la salida.

---

*Nota al pie: **La historia del Buda es muchísimo más extensa, profunda y compleja que la que yo cuento aquí. Lo que se sabe de su vida se basa en discursos que fueron memorizados por sus discípulos y que se escribieron en idioma Pali cientos de años después de su muerte. Mi versión es una síntesis coloquial basada en la leyenda que se cuenta popularmente. Mi intención es presentar un panorama breve de quién fue el Buda para descartar cualquier creencia errónea acerca de su figura (como la idea de que es un Dios) y también para mostrarlo como un ser humano que experimentó sufrimiento y con quien podemos identificarnos de alguna manera.**

EL CAMINO DE SIDDHARTA HACIA LA ILUMINACIÓN

UNA VERSIÓN MEGASIMPLIFICADA

ESTA ES UNA SÍNTESIS MUY SIMPLIFICADA DE LA HISTORIA DE SIDDHARTA GAUTAMA, CREADA CON FINES MERAMENTE ILUSTRATIVOS Y NO PRETENDE SER INFORMATIVA, ¿OK?

LAS CUATRO NOBLES VERDADES

En el primer discurso que el Buda ofreció después de su iluminación, presentó una propuesta conocida como *Las cuatro nobles verdades*: una metodología práctica para sufrir menos que todas las personas podemos aplicar aquí y ahora.

Son las siguientes:

1. **Existe el sufrimiento.** Vivir conlleva experiencias de dolor e incomodidad que son inevitables: enfermedad, vejez, muerte, cambios inesperados, adversidades repentinas, traumas heredados, etcétera. Somos seres complejos viviendo en un mundo complejo. Estar aquí no siempre es agradable.
2. **Existen causas que nos hacen sufrir más de lo necesario.** Cuando no sabemos lidiar amablemente con el dolor y la incomodidad, sufrimos un poquito más. El apego a nuestros puntos de vista y el anhelo compulsivo de que las cosas sean o no sean de cierta manera, nos producen un sufrimiento mental añadido. Este puede llegar a ser bastante persistente y abrumador, aunque también suele presentarse de formas sutiles y casi irreconocibles.

3. **Existe el cese (o la disminución) del sufrimiento.** Si dejamos de aferrarnos a nuestros puntos de vista, expectativas y anhelos compulsivos, podemos enfrentar cada momento con un poco más de calma. Si abrimos la mirada y dejamos de tomarnos a nosotros mismos tan en serio, todo se vuelve más ligero. Sufrir menos es posible. Incluso en medio de este caos ingobernable llamado vida.
4. **Existe un camino que nos lleva a sufrir menos.** Hay ocho prácticas que podemos cultivar en nuestra cotidianidad para crear una vida con menos sufrimiento y más bienestar. Este conjunto de prácticas se conoce como *El noble sendero óctuple* y consiste en afinar, como quien afina la cuerda de una guitarra, los siguientes aspectos de nuestro día a día:

    I) La forma en la que vemos la realidad
    II) La intención detrás de nuestras acciones
    III) La manera en la que nos comunicamos
    IV) La manera en la que actuamos
    V) La manera en la que nos ganamos la vida
    VI) Las cosas en las que nos esforzamos
    VII) La calidad de nuestra atención
    VIII) La calidad de nuestra concentración

A la hora de la práctica, *Las cuatro nobles verdades* funcionan en dos niveles. Primero, como un método que podemos aplicar directamente a cualquier situación que estemos enfrentando, y que tiene el potencial de refrescar nuestra mirada y reducir el sufrimiento, de forma casi instantánea. Segundo, como un estilo de vida que permea todas las áreas de nuestra realidad, produciendo poco a poco, y a través de la constancia, un estado de profunda paz interior, donde el sufrimiento existe, pero no nos carcome.

En este sentido, *Las cuatro nobles verdades* dejan de ser solamente ideas sobre las cuales reflexionar, para convertirse en tareas a llevar a cabo. Estas tareas son:

1. **Comprender y abrazar** el sufrimiento.
2. **Soltar** las causas que nos hacen sufrir más de lo necesario.
3. **Experimentar** el cese (o la disminución) del sufrimiento.
4. **Cultivar** el camino que nos ayuda a sufrir menos.

Sufrir un poco menos es posible. Enfrentar la vida con un poco más de amor y valentía es posible. Vivir con un poco más de calma y ligereza es posible. Pero necesitamos dejar de evadir nuestro sufrimiento. Necesitamos dejar de apegarnos a nuestros puntos de vista. Necesitamos dejar de correr ansiosamente en mil direcciones, para caminar con suavidad y firmeza hacia un estado de mayor libertad.

La sabiduría budista está llena de consejos que pueden ayudarte a lograrlo. No necesitas convertirte en budista, no necesitas creer en nada que no quieras ni irte a un monasterio. Cada día, cada situación, cada instante es una oportunidad para practicar el arte de sufrir un poco menos.

---

*Nota al pie: **Me tomé la libertad de adaptar y formular la enseñanza de *Las cuatro nobles verdades* de tal modo que resultara útil para los propósitos de este libro. Es una versión basada en lo que tiene sentido para mí y en lo que yo intento practicar en mi vida diaria. Si deseas leer el discurso original donde se mencionan *Las cuatro nobles verdades*, puedes encontrarlo fácilmente en internet con el título «Discurso de la puesta en movimiento de la Rueda del Dhamma».**

LAS CUATRO NOBLES VERDADES

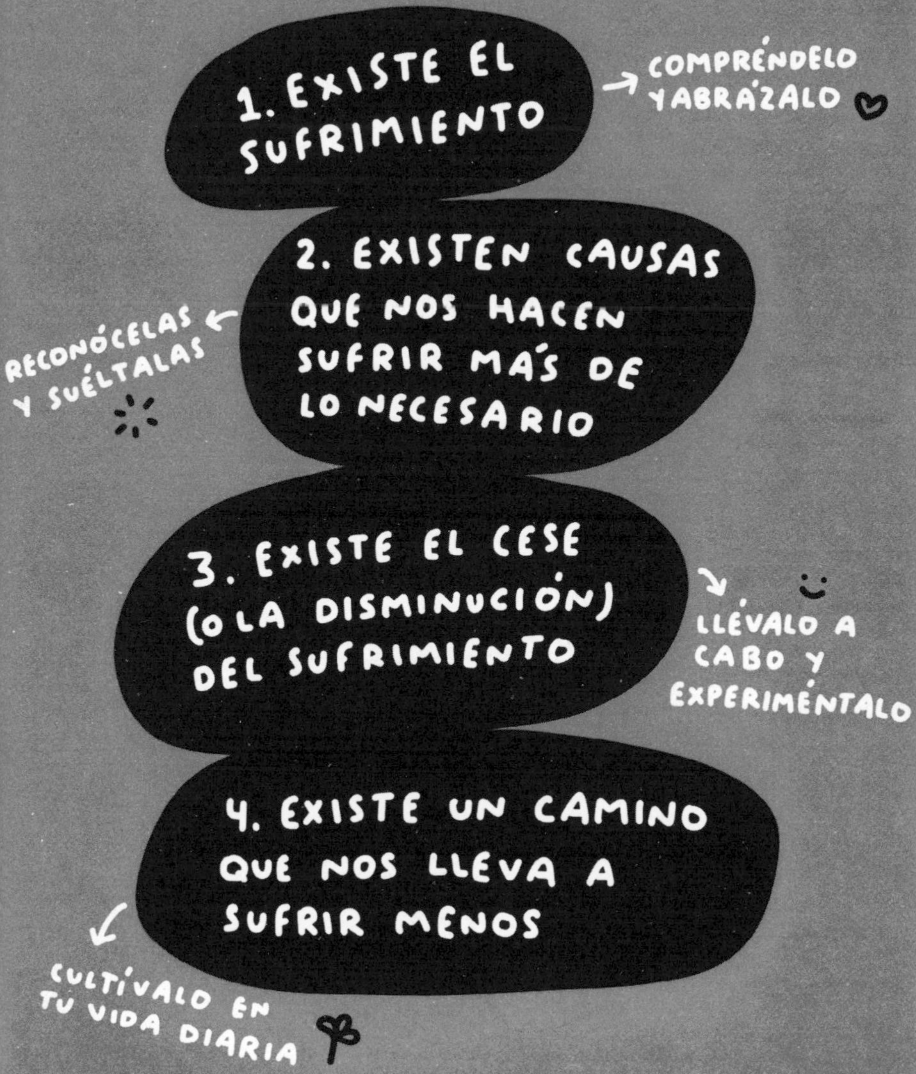

1. EXISTE EL SUFRIMIENTO

→ COMPRÉNDELO Y ABRÁZALO

2. EXISTEN CAUSAS QUE NOS HACEN SUFRIR MÁS DE LO NECESARIO

← RECONÓCELAS Y SUÉLTALAS

3. EXISTE EL CESE (O LA DISMINUCIÓN) DEL SUFRIMIENTO

→ LLÉVALO A CABO Y EXPERIMÉNTALO

4. EXISTE UN CAMINO QUE NOS LLEVA A SUFRIR MENOS

← CULTÍVALO EN TU VIDA DIARIA

LAS DOS FLECHAS

Si una flecha afilada se clava en tu cuerpo, sentirás un profundo dolor. Pero si inmediatamente después recibes el impacto de una segunda flecha exactamente en el mismo punto, el dolor será mucho mayor.

El Buda utilizó esta metáfora para explicar que todos en este mundo nos enfrentamos a situaciones adversas que nos causan sensaciones dolorosas o desagradables (la primera flecha), pero aquellos que nos lamentamos y nos tomamos las cosas de manera personal, experimentamos un sufrimiento mental añadido que es todavía más doloroso (la segunda flecha).

Somos seres imperfectos y no debemos sentirnos culpables por las segundas flechas que nos encajamos a nosotros mismos. No es sencillo ser humano. Sin embargo, vale la pena aprender a distinguir el malestar que inevitablemente nos producen ciertas situaciones y la aflicción adicional que surge cuando nos apegamos a nuestras expectativas o puntos de vista. Solo así lograremos arrancar las flechas con amor y curar nuestras heridas compasivamente.

Cuando el Buda habló de la *primera noble verdad*, mencionó lo siguiente: «Envejecer es sufrimiento, enfermar es sufrimiento, morir es sufrimiento... Estar en contacto con lo que es desagradable es sufrimiento, separarse de lo que es placentero es sufrimiento, no obtener lo que se desea es sufrimiento».

Todos estos escenarios incluyen una primera flecha. Es completamente normal que experimentemos dolor ante el envejecimiento, la enfermedad, la muerte, la pérdida y las adversidades. Pero, por lo general, estas circunstancias desencadenan en nosotros ciertas reacciones que nos llevan a sentir el estrés de una segunda flecha. Cada vez que nos aferramos compulsivamente a que las cosas sean o no sean de cierta manera, nos clavamos a nosotros mismos una dosis extra de sufrimiento.

Una visita al dentista puede ser tan simple como sentarse, abrir la boca y aceptar que pasaremos un momento incómodo. O bien puede ser una gran tortura que inicia desde el momento en que nos anticipamos mentalmente al calvario que se aproxima y aumenta cada vez que nos resistimos al estruendoso sonido de la turbina acercándose a nuestras muelas. Lo mismo ocurre en situaciones más cotidianas, como cuando tenemos que resolver un problema inesperado en el trabajo o debemos relacionarnos con personas que piensan muy distinto a nosotros. Y ni hablar de circunstancias más complejas, como atravesar la muerte de un ser querido, enterarnos de que tenemos una enfermedad sin cura o terminar una relación afectiva. El profundo dolor de la primera flecha es inevitable: eso hay que aceptarlo y abrazarlo. Pero, la aflicción desgastante de la segunda es, hasta cierto punto, opcional.

Suena fácil en teoría, pero a la hora de la realidad nos encontramos con hábitos muy arraigados que hacen que sea casi imposible distinguir la segunda flecha y separarnos de ella. El Buda enseñó que, a través del cultivo de la compasión, la sabiduría y la atención consciente, es posible transformar estos hábitos arraigados y sufrir cada vez menos. Basta con que establezcamos un compromiso amoroso con nosotros mismos y con nuestra práctica.

EJERCICIO

1. Piensa en algún evento reciente que te haya causado algún tipo de sufrimiento.

2. ¿Qué emociones se presentaron? ¿Qué comportamientos detonaron esas emociones en ti? Reflexiona sin juzgarte.

3. Explora si es posible distinguir cuáles de esas emociones y comportamientos surgieron como una respuesta natural al dolor o a la incomodidad de la experiencia (primera flecha) y cuáles fueron detonados por tus expectativas o puntos de vista (segunda flecha).

4. Cierra los ojos, respira y permítete sentir el dolor de ambas flechas con compasión y ternura.

5. Sigue respirando, dejando que las expectativas y los puntos de vista que te hacen sufrir se disuelvan en el aire con tu exhalación. Suelta y relaja.

6. Quédate con el dolor de la primera flecha y abrázalo como una madre abrazaría a su hijo. Está bien sentirse así, es completamente humano.

7. Respira.

*NOTA AL PIE: El discurso del Buda sobre las dos flechas se conoce como *Sallatha Sutta*. Puedes buscarlo en internet si te da curiosidad explorar la enseñanza original.

INCOMODIDADES
INEVITABLES
DE LA VIDA

SUFRIMIENTO
MENTAL
AÑADIDO

OUCH!

Cada vez que nos aferramos compulsivamente a que las cosas sean o no sean de cierta manera, nos clavamos a nosotros mismos una dosis extra de sufrimiento.

LOS TRES FUEGOS

¿Qué es lo que nos hace sufrir más de lo necesario? ¿Qué debemos soltar para liberarnos de las flechas que nos clavamos en la mente y en el corazón? De acuerdo con la *segunda noble verdad*, lo que necesitamos observar en nuestro interior son el odio, la avidez y la falta de comprensión.

Podemos contemplar el odio, la avidez y la falta de comprensión como tres fuegos que nos queman por dentro y que intensifican nuestro sufrimiento. Si somos capaces de identificarlos y dejamos de alimentar la leña que los mantiene encendidos, nos sentiremos más frescos y sufriremos un poco menos.

Todas las interacciones que tenemos con nosotros mismos, con los demás, con las situaciones y con la realidad en general, pueden estar acompañadas de estos tres fuegos.

La avidez

El fuego de la avidez hace alusión a la obsesión de que las cosas sean de cierta manera. Es el deseo compulsivo de obtener algo, retener algo o anhelar más de algo. Es el apego que surge ante la presencia de sensaciones que nos resultan agradables. El confort de los placeres sensoriales, la idea de control, la posesión de objetos, dinero o reconocimiento suelen ser detonantes de avidez. Siempre queremos más, nunca es suficiente y eso nos hace sufrir. El ansia, la envidia, la inquietud y el descontento constante son experiencias causadas por este fuego.

Si hacemos una pausa y relajamos la expectativa de que las cosas sean de cierto modo, la tensión en nuestra mente se disipa. Si soltamos el deseo de poseer algo y nos refugiamos en la gratitud, las llamas de la avidez dejan de quemarnos. Podemos disfrutar las cosas que nos gustan y al mismo tiempo renunciar a la creencia de que estas deben ser nuestras o que deben durar para siempre.

El odio

El fuego del odio representa todas las actitudes de rechazo y aversión ante las cosas que no nos gustan. Es querer compulsivamente que algo no sea de la forma en la que es. Cuando entramos en contacto con experiencias que tienen un sabor desagradable, como una emoción incómoda, una persona que no nos cae bien o una situación que nos produce incertidumbre, es común que nuestra reacción sea pelearnos con eso, en lugar de aceptarlo. Esta falta de aceptación suele manifestarse en forma de irritación, impaciencia, frustración, enojo e incluso violencia.

Si en lugar de resistirnos a la realidad, nos damos permiso de aceptarla, todo se siente más liviano y surge la claridad necesaria para atender sabiamente la situación que tengamos frente a nosotros. Aceptar no quiere decir que todo nos debe de gustar, ni que debemos resignarnos ante las cosas que nos hacen daño. Simplemente significa soltar el peso del odio.

La falta de comprensión

La falta de comprensión es un fuego más profundo y muchas veces imperceptible. Cuando nuestra mirada está cegada por el velo de las ilusiones y los puntos de vista, dejamos de comprender y aceptar la realidad tal como es.

¿Y cómo es la realidad? La realidad es como un ensamble hecho de piezas, las cuales están cambiando todo el tiempo. Nada en este mundo permanece siempre de la misma manera, nada existe de forma separada y, por lo tanto, nada por sí solo es capaz de garantizarnos una satisfacción eterna y absoluta. Las cosas que nos gustan cambiarán, las que no nos gustan también cambiarán. No hay nada sólido a lo que podamos aferrarnos.

No comprender esto hace que vayamos por el mundo ansiando una fuente de certidumbre a la cual agarrarnos. Buscamos certidumbre y solidez en nuestros seres queridos, en el trabajo, en las posesiones materiales, en el dinero, en nuestra identidad y hasta en la religión. Andamos de aquí para allá, con una prisa ansiosa que parece nunca acabar. Como si hubiera una meta final a la cual llegar.

Pero si nos quitamos el velo y abrimos la mirada, podemos vislumbrar un universo en el que todo lo que lo integra, desde los átomos de nuestra retina hasta los astros en el firmamento, está transformándose constantemente de forma interdependiente. Como una danza en la que nosotros participamos, pero no controlamos. Quizás podemos soltar y relajarnos un poco. Incluso reírnos.

Soltar no significa entregarnos a una visión nihilista en la que nada importa, sino aprender a abrazar el momento presente tal como es, mientras aportamos humildemente nuestro granito de arena para que esta realidad sea un poco más llevadera.

Fuego contra fuego

El fuego no se combate con fuego. Sin embargo, es lo que solemos hacer cuando nos sentimos inquietos o afligidos. En lugar de simplemente estar con la experiencia de la inquietud o la aflicción, intentamos extinguirla (sin éxito) con avidez, odio y falta de comprensión. Ansiamos alivio inmediato, nos peleamos con lo que sentimos y seguimos dándole vuelo a nuestras expectativas.

Una mejor alternativa es respirar, soltar y abrirnos amablemente a lo que sea que estemos sintiendo. Estar con la incomodidad con una actitud gentil, nos permite comprender nuestro sufrimiento y ofrecernos los cuidados necesarios para aliviarlo. El fuego no se apaga con fuego, sino con atención, paciencia y compasión.

La próxima vez que estés pasando por un mal momento, haz una pausa, deja de echarle más leña al fuego y ofrécete a ti mismo un bálsamo de cariño. Verás que así te sentirás mucho mejor.

EJERCICIO

Reflexiona acerca de cómo suelen presentarse los tres fuegos en tu relación con el mundo. Procura llevar a cabo este ejercicio sin juzgarte.

1. ¿Qué cosas deseas fervientemente y qué efecto tiene en ti ese deseo? ¿Qué sueles hacer cuando no logras obtener lo que quieres? ¿Cómo reaccionas cuando pierdes algo que no querías perder?

---

2. ¿Qué cosas odias y cómo te hace sentir ese odio? ¿Qué situaciones te provocan irritación y cómo te hace actuar esa irritación? ¿Se te ocurre algún ejemplo reciente?

---

3. ¿Qué expectativas tienes acerca de ti mismo, de los demás y de la vida? ¿Estás buscando solidez o certidumbre en algo que inevitablemente cambiará? ¿Qué aspectos de la realidad te estás negando a aceptar?

---

*Nota al pie: La idea de «Los tres fuegos» la utilizan muchas escuelas budistas para agrupar y presentar las causas del sufrimiento de forma accesible. Otros títulos comunes son «Los tres venenos» o «Las tres raíces». Avidez, odio y falta de comprensión también suelen nombrarse como apego, aversión e ignorancia.

INTENSIFICADORES DEL SUFRIMIENTO

EL ALIVIO DE LA ANGUSTIA

Así como una fogata se apaga si dejas de echarle leña, la angustia se disipa si dejas de aferrarte a los pensamientos y hábitos detonados por la avidez, el odio y la falta de comprensión. Cuando sueltas algo, se libera algo.

La *tercera noble verdad* nos dice que un estado de calma y libertad es posible. Podemos vivir frescos y ligeros. Sin un incendio en la cabeza. Lo «único» —y lo pongo entre comillas porque obviamente no es lo único, ni tampoco es tan sencillo— que necesitamos hacer es respirar, relajar nuestras expectativas y aclarar nuestra mirada. Una, otra, y otra vez. De este modo, se abre ante nosotros la oportunidad de responder sabiamente a las situaciones que la vida nos presenta.

Los desacuerdos en las relaciones, los conflictos en el trabajo, las noticias desagradables, las pérdidas y los fracasos, aunque siguen doliendo, se vuelven más manejables. Porque dejamos de repetir las mismas conductas de siempre. Soltar es renunciar a la necedad de hacer las cosas siempre de la misma manera.

Pero los beneficios de dejar ir van más allá de simplemente hacer más llevaderos los pesares. La práctica de abandonar nuestros aferramientos va simplificando nuestra vida. El ruido en la cabeza disminuye, la prisa ansiosa se suaviza y nuestro andar se vuelve más apacible. No porque todo sea perfecto o porque el mundo nos resulte indiferente, sino porque aprendemos a estar con lo que hay sin tanta resistencia, sin tanto apuro por controlarlo. Porque dejamos de luchar contra la realidad y empezamos, poco a poco, a habitarla con amabilidad.

EJERCICIO

Trae a tu memoria un momento reciente en el que te hayas dado permiso de soltar algún punto de vista, expectativa u obsesión. Puede ser algo simple, como dejar pasar la necesidad de tener la razón en una conversación, cambiar de planes sin tanta resistencia o abandonar ese discurso en tu cabeza que insiste en analizar todo lo que está mal. ¿Ya lo tienes? Ahora reflexiona lo siguiente:

1. ¿Cómo te hizo sentir la decisión de soltar? ¿Te costó trabajo o fluyó de manera natural?

---

2. ¿Qué posibilidades se abrieron? ¿Cuál crees que fue el beneficio de dejar ir?

---

3. ¿Cómo podrías crear más momentos así? ¿En qué otras áreas de tu vida te gustaría intentarlo?

Soltar es renunciar a la necedad de hacer las cosas siempre de la misma manera.

SE
LIBERA
ALGO

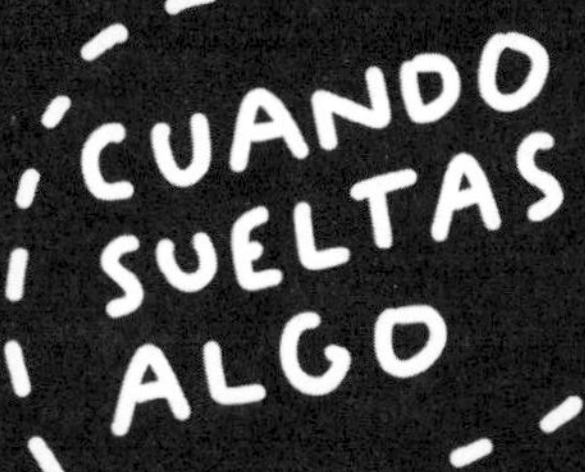
CUANDO
SUELTAS
ALGO

CÓMO SOLTAR

Hemos hablado de soltar. Soltar el aferramiento que nos hace sufrir más de lo necesario. Soltar las reacciones detonadas por el odio, la avidez y la falta de comprensión. Soltar el ansia egocéntrica e incesante que no hace más que dejarnos insatisfechos una y otra vez. Soltar el hábito de echarle más leña al fuego.

Pero no hemos hablado de dos cuestiones muy importantes:

1. ¿Cómo soltamos?
2. ¿Qué hacemos después de soltar?

La *cuarta noble verdad* es la respuesta a estas dos interrogantes. Aquí el Buda presenta *El noble sendero óctuple*, un conjunto de ocho prácticas para la vida cotidiana que funciona en dos vías: como el camino que nos conduce a soltar y como la senda que se abre ante nosotros una vez que dejamos ir. Las ocho partes que integran *El noble sendero óctuple* no deben ser entendidas como pasos escalonados con una secuencia lineal, sino como un ensamble de buenas prácticas que se complementan entre sí.

1. Visión correcta
2. Intención correcta

3. Comunicación correcta
4. Acción correcta
5. Sustento de vida correcto
6. Esfuerzo correcto
7. Atención correcta
8. Concentración correcta

Correcto no significa hacer las cosas de forma estricta, sino hacerlas de una manera que nos ayude a vivir con menos sufrimiento y más libertad. Si el camino produce sufrimiento, no es el verdadero camino. También es importante tomar en cuenta que el trayecto es individual, mas no individualista. Aunque cada uno es responsable de transitarlo a su propio ritmo, hay que asegurarnos de que nuestro viaje nos conduzca a una integración amorosa y compasiva con todo lo que existe.

Revisemos brevemente en qué consiste cada una de las partes de *El noble sendero óctuple*.

1. Visión correcta

La forma en la que vemos las cosas suele estar distorsionada o limitada por nuestros juicios, expectativas, miedos y deseos. Generamos puntos de vista acerca de nosotros mismos, de los demás y de todo lo que nos rodea. No vemos las cosas como son, sino como somos. Mientras más nos apegamos a nuestra mirada, más sufrimos.

La visión correcta nos invita a hacer un alto y respirar para ver la realidad con una perspectiva más amplia. ¿Cuál es la interpretación que le estoy dando a esta situación? ¿Cómo me está haciendo sentir esa interpretación? ¿Qué pasa si observo con curiosidad? ¿Qué hay aquí y ahora? ¿Cómo es la vida si no la juzgo?

De esta manera, tal vez resulte liberador comprender y aceptar que la vida existe en un constante cambio (nada es para siempre), que las cosas son complejas y relativas (nada tiene una forma única y definitiva de ser) y que todo tiene por naturaleza algún grado de imperfección (nada nos dará una satisfacción absoluta, y está bien).

Salir de nuestro bucle de pensamientos para contemplar la vida como un flujo cambiante, complejo e imperfecto, y no como un cuadrado limitado por nuestros propios conceptos, nos ayuda a ser más libres y a sufrir un poco menos.

¿Cómo suelto?
Abre la vista.

¿Qué hago después de soltar?
Trata de ver, cada vez más,
la realidad como realmente es.

2. Intención correcta

Todo lo que decimos y hacemos tiene una intención detrás, solo que a veces no nos damos cuenta. El sabor que nos dejan nuestras acciones, nuestras palabras y nuestras decisiones está directamente influido por las fuerzas internas que nos motivan a llevarlas a cabo.

Si lo que nos mueve es el ansia, la ambición, el enojo, el rechazo o el egocentrismo, terminaremos por hacer cosas (o hacerlas de tal modo) que tarde o temprano nos producirán insatisfacción y sufrimiento. En cambio, si nuestras intenciones están permeadas de claridad, benevolencia, compasión, generosidad y sabiduría, muy seguramente nuestro sentir estará lleno de calma, gozo y frescura, aun cuando nuestras decisiones no sean fáciles de llevar a cabo o no nos ofrezcan una gratificación instantánea.

La intención correcta consiste en detenernos a reflexionar por qué y para qué hacemos lo que hacemos, procurando que nuestras acciones vengan de una mente sabia y amable. Nuestra vida entera puede cambiar con este simple movimiento.

¿Cómo suelto?
Revisa y ajusta tus intenciones.

¿Qué hago después de soltar?
Procura llevar una vida basada en intenciones claras, sabias y benevolentes.

3. Comunicación correcta

La forma en la que nos comunicamos tiene un impacto enorme en nuestras relaciones y en nuestra vida entera. Estamos hechos de palabras.

Si nuestra comunicación incluye mentiras, exageraciones, lenguaje hiriente, indirectas, difamaciones y enredos, viviremos con estrés, insatisfacción y mucho drama innecesario. En cambio, si procuramos hablar con honestidad, transparencia y amabilidad, si evitamos lastimar a otros con nuestras palabras, si participamos en conversaciones que generen una verdadera conexión humana... Y si además de eso sabemos escuchar con atención, nuestra vida será mucho más tranquila y armoniosa. Fomentaremos relaciones más significativas.

Antes de hablar o enviar un mensaje, podemos detenernos, respirar y preguntarnos: «¿Esto que voy a decir es verdad?», «¿Tiene una intención amable?» o «¿Es necesario decirlo?». Este simple gesto puede hacer una gran diferencia.

¿Cómo suelto?
Escucha.

¿Qué hago después de soltar?
Habla con honestidad, claridad y amabilidad.

4. Acción correcta

Nuestras decisiones y nuestros actos son, a final de cuentas, lo que determina el tipo de vida que creamos para nosotros y para el mundo que nos rodea. ¿No te parece? Si lo que queremos es una vida con menos sufrimiento y más tranquilidad, entonces debemos abstenernos de hacer cosas que hagan daño y procurar acciones que generen felicidad.

Al mantener una vida libre de actos perjudiciales, viviremos con la conciencia tranquila. Si nos dedicamos a cultivar bienestar para nosotros y para los demás, nuestro corazón se sentirá lleno de gozo y alegría.

No hacer el mal y hacer el bien. Es así de simple.

¿Cómo suelto?
Haz una pausa antes de actuar.

¿Qué hago después de soltar?
No hagas el mal y haz el bien.
Así vivirás con el corazón tranquilo.

5. Sustento de vida correcto

Pasamos gran parte de nuestra vida trabajando, así que sin duda resulta relevante prestar atención a cómo nos hace sentir eso a lo que nos dedicamos.

La principal recomendación de Buda, en este sentido, es que evitemos participar en actividades laborales que hagan daño a otros seres. Si nuestro trabajo está vinculado a actos de violencia, abuso, engaños, manipulación y explotación del medio ambiente, será muy difícil (o imposible), cultivar una vida feliz y serena. Si nuestro trabajo genera sufrimiento, nosotros también sufriremos, aunque no nos demos cuenta.

Por otro lado, si hacemos un esfuerzo por encontrar o generar un trabajo basado en valores como la honestidad, el cuidado mutuo y el genuino interés por aportar algo positivo al mundo, entonces estaremos creando las condiciones para una vida más plena.

Debido a la situación actual de nuestro planeta y al tipo de trabajos que hoy existen, esto no es tarea fácil. Pero, con paciencia, podemos acercarnos lo más que podamos a un sustento de vida que nos conduzca a sufrir menos.

¿Cómo suelto?
Reflexiona acerca del impacto de tu
trabajo en tu vida y en la vida de los demás.
Si necesitas ajustar algo, hazlo.

¿Qué hago después de soltar?
Vive dedicándote a un trabajo que
no te haga daño a ti, ni a nadie.

6. Esfuerzo correcto

Todas las personas tenemos cualidades mentales que podríamos dividir en dos categorías: las que conducen a una vida plena (como el amor, la paciencia, la gratitud y la ecuanimidad) y las que conducen a una vida con sufrimiento (como el odio, la avidez, la envidia y el egocentrismo). Para fines meramente prácticos las llamaremos cualidades mentales constructivas y destructivas.

Día con día (nos demos cuenta o no) estamos alimentando tanto las cualidades constructivas como las destructivas, a través de nuestros pensamientos, palabras y acciones. Las cualidades que reciben más alimento son las que se desarrollan, se fortalecen y se mantienen. Las que no reciben alimento, se debilitan.

El esfuerzo correcto es una invitación a observar qué tipo de cualidades mentales estamos alimentando; también nos anima a esforzarnos sabiamente (sin desgastarnos) en nutrir las cualidades constructivas y debilitar las destructivas.

¿Cómo suelto?
Deja de alimentar las cualidades mentales destructivas. No les des más energía.

¿Qué hago después de soltar?
Alimenta las cualidades mentales constructivas, poco a poco, todos los días.

7. Atención correcta

Nuestra mente suele estar dispersa y colmada de ruido. Por lo general vivimos en automático, perdidos en nuestros diálogos internos y actuando impulsivamente. Pero si hacemos una pausa y respiramos, podemos traer toda nuestra atención al momento presente para ver las cosas con más claridad.

La atención correcta (o *mindfulness,* como se le conoce popularmente) consiste en ser conscientes de nuestro cuerpo, de nuestros sentimientos, de nuestros pensamientos y de la realidad, con una actitud amable y equilibrada, sin perseguir nada ni rechazar nada. Simplemente, asumiendo las cosas tal como son.

Cuando prestamos atención de esta manera, surge en nosotros la oportunidad de tomar decisiones más conscientes y menos automáticas. De este modo, se vuelve más sencillo construir una vida con más libertad.

¿Cómo suelto?
Detente, respira y presta atención.

¿Qué hago después de soltar?
Vive lo más presente que puedas.

8. Concentración correcta

Vivimos en un mundo lleno de distracciones. Miles de cosas demandan nuestra atención. Si no somos capaces de enfocarnos en las cosas que realmente importan, todos nuestros esfuerzos se verán diluidos y nos sentiremos constantemente cansados e insatisfechos.

¿Qué es lo realmente importante para ti? ¿Cuál es el camino que quieres seguir? ¿Qué tipo de intenciones, pensamientos y acciones deseas cultivar? Es de suma importancia que te preguntes esto todos los días, momento a momento. De esta manera lograrás concentrar tu atención en aquello que te produce bienestar y gozarás de mayor tranquilidad.

Una mente concentrada es una mente en calma.

¿Cómo suelto?
Concéntrate en lo que realmente importa.

¿Qué hago después de soltar?
Cada vez que te alejes del camino,
date cuenta y regresa a él.

Integrando el camino

A medida que practiquemos *El noble sendero óctuple* en nuestra vida cotidiana, descubriremos que los elementos que lo integran no están separados, sino que funcionan en conjunto. Nuestra visión influye en nuestras intenciones. Nuestra atención impacta en nuestra comunicación. Nuestro esfuerzo y nuestra concentración funcionan en concordancia con nuestro sustento de vida, el cual a su vez incide en nuestras intenciones. Podemos imaginar todas las combinaciones que queramos y siempre encontraremos una conexión entre cada una de las partes.

La visión, la intención, la acción, la comunicación, el sustento de vida, el esfuerzo, la atención y la concentración son como los instrumentos de una orquesta. Cuando estos tocan al mismo ritmo, siguiendo la misma partitura, nuestra vida se armoniza al son de una hermosa melodía.

EJERCICIO

1. Repasa cada una de las partes de *El noble sendero óctuple* y evalúa cómo te sientes en relación con cada una de ellas.

2. ¿A dónde te lleva el camino que estás siguiendo?

3. ¿Cómo puedes ajustarlo para crear una vida con menos sufrimiento y más tranquilidad?

4. ¿Hay alguna parte en específico que necesites afinar?

5. Después de analizar estas preguntas, respira en silencio mientras te regalas un trato amable. Sonríele al camino.

---

*Notas al pie:

1. Los ocho elementos del *noble sendero óctuple* están explicados con mayor detalle en el capítulo cinco. Puedes ir a leer más acerca de ellos si tienes curiosidad. O bien, puedes seguir el orden del libro tal como está. Tú eliges.
2. La idea de interpretar *El noble sendero óctuple* como la senda que se abre una vez que dejamos ir (y no únicamente como el camino que conduce al cese del sufrimiento) está inspirada en la interpretación que el autor Stephen Batchelor hace de *Las cuatro nobles verdades* en su ensayo «Un budismo secular».

CÓMO SOLTAR

CONSEJOS INSPIRADOS EN EL NOBLE SENDERO ÓCTUPLE

ABRE LA VISTA

REVISA Y AJUSTA TUS INTENCIONES

ESCUCHA

HAZ UNA PAUSA ANTES DE ACTUAR

PROCURA HACER EL BIEN EN TU TRABAJO Y EN LA VIDA

DEJA DE ALIMENTAR LAS CUALIDADES MENTALES DESTRUCTIVAS

DETENTE, RESPIRA Y PRESTA ATENCIÓN

CONCÉNTRATE EN LO QUE REALMENTE IMPORTA

EL CALOR DE LA COCINA

Voy a la cocina para preparar la comida del día. Me siento levemente irritado porque la mañana no me alcanzó para terminar todo el trabajo que tenía planeado hacer hoy. Además, tengo mucha hambre, y el hambre se come mi paciencia. Antes de empezar a cocinar hay que despejar la barra y lavar algunos platos. ¿Por qué la cocina siempre está sucia sin importar cuánto la limpies?

Es verano y el calor es abrumador. Mi irritación aumenta. Llega mi esposa para sumarse a la labor de cocinar juntos. Pero yo ya estoy de malas. Yo solo quiero comer y regresar a mi escritorio para continuar con mis proyectos laborales. El ambiente se siente tenso. Sufro y, de paso, hago sufrir a mi esposa con palabras secas y pasivamente agresivas.

Hago una pausa y respiro. Tomo conciencia de la tensión en mi mente, en mi cuerpo y en mis palabras. No me juzgo, solo me doy cuenta. Vuelvo a respirar, disminuyendo la velocidad de mis movimientos. Comprendo que mi estrés y mi irritación no se deben exclusivamente a la situación que tengo frente a mí, sino a la forma en la que yo me estoy relacionando con dicha situación.

No es el caos de la cocina, ni el hambre, ni el verano lo que me está haciendo sufrir de esta manera, sino mis expectativas acerca de cómo deberían ser las cosas. Quiero que la comida ya esté lista, quiero sentarme a comer, quiero terminar el trabajo que dejé pendiente, quiero que la cocina nunca se ensucie, quiero dejar de sentir calor, quiero, quiero, quiero... Querer obstinadamente que las cosas sean o no sean de cierta manera se siente como apretar un puño con todas mis fuerzas. Es cansado y al mismo tiempo es un esfuerzo que no da frutos.

Inhalo, exhalo y renuncio a mi querer. Relajo el puño y me abro a este momento tal como es. De pronto, todo cambia. Mi cólera se disuelve y puedo ver las cosas con otra perspectiva.

Este es un bello momento. Estoy en casa, cocinando con mi esposa, tengo un cuerpo sano con apetito, tenemos comida saludable, tenemos la capacidad de cocinar con nuestras propias manos. Estoy frente a un milagro y no me había dado cuenta. Ahora que mi visión es más clara, mi motivación se refresca. Cocinar es un acto de amor. Las palabras secas y rudas que antes salían de mi boca ahora son más amables. Abro espacio en mi mente para la paciencia y la gratitud. Me entrego con devoción al simple acto de partir una zanahoria y me concentro en el momento presente. Mi estómago sigue haciendo ruido y no deja de hacer calor, pero todo se siente más liviano.

Pasar de un estado de irritación a uno de serenidad en situaciones de la vida cotidiana no es algo insignificante, ¡al contrario!, nuestra vida entera puede transformarse si aprendemos a practicar *Las cuatro nobles verdades* en nuestro día a día. Tal vez, la cocina no es tu campo de batalla como lo es para mí. Quizás el sufrimiento se presente contigo en el trabajo, en el trayecto de tu casa a la escuela de tus hijos o en las inevitables negociaciones con tu pareja acerca de a quién le toca sacar la basura. Cualquiera que sea el tipo de situación que detona estrés en ti, a partir de hoy puedes verla como una oportunidad para:

1. **Reconocer y observar** el sufrimiento sin juzgarte ni reaccionar.
2. **Soltar** las expectativas y las reacciones que intensifican el sufrimiento.
3. **Experimentar** la ligereza que surge cuando sueltas.
4. **Ajustar** tu mirada, tus acciones y tu atención de tal modo que puedas llevar a cabo lo necesario para sufrir un poco menos.

Intentarlo no cuesta nada.

---

*Nota al pie: **Tal vez la solución a mi problema sea tan simple como preparar tandas de comida —principalmente platillos frescos— durante el fin de semana, de tal modo que, cuando llegue la hora de comer, ya haya opciones listas en el refrigerador. El camino para sufrir menos no se sostiene únicamente de respirar y soltar, también hay que hacer modificaciones estructurales en nuestra vida. Prometo intentarlo este verano.**

CÓMO APAGAR EL FUEGO EN TU CABEZA

Me siento inquieto, insatisfecho, insuficiente.
Algo me falta, algo me estorba, algo me quema.
Creo que pienso demasiado.
Mi cabeza está en fuego.

Respiro.
¿Qué es lo que está ocasionando el incendio?
¿Cuál es el combustible que alimenta mi angustia?

Es el ansia de tener lo que no tengo,
de ser lo que no soy,
de no querer lo que tengo,
de no querer lo que soy.

Es mi obsesión por controlar lo incontrolable,
por perfeccionar lo imperfecto,
por detener lo indetenible.

Es mi tendencia a tomarme las cosas
demasiado en serio.

¿Es posible apagar las llamas?
Si dejo de echarle leña al fuego,
el incendio cesará.

Hago una pausa.
Relajo mi cuerpo.
Disuelvo mis ansias.

Renuncio a mis obsesiones.
Me río de mí mismo.
Suelto.

De pronto... cenizas,
silencio, humildad.

Todo se ve más claro.
Comprendo que nada es para siempre,
que nada existe como yo creo que existe,
que nada fuera de mí me dará la paz que busco.

Inhalo y exhalo.
Llevo mi mano al corazón.

Amo este momento tal como es.
Amo lo que soy aquí y ahora.
Amo el mundo del que soy parte.

Con paciencia y diligencia
riego las semillas
de la compasión y la gratitud.

Donde hubo fuego, un jardín florece.
Me siento fresco y tranquilo.

Contemplando las flores,
respiro de nuevo,
sabiendo que inevitablemente
otro incendio llegará.

Esta vez tardaré menos en apagarlo.

CÓMO SUFRIR UN POCO MENOS

(O AL MENOS INTENTARLO)

EMPIEZA AQUÍ

ANTE UNA SITUACIÓN O EXPERIENCIA INCÓMODA, ADVERSA O INQUIETANTE

SIN JUZGARTE

OBSERVA AMABLEMENTE EL SUFRIMIENTO QUE SURGE. ¿QUÉ SIENTES? ¿CÓMO ESTÁS REACCIONANDO?

RESPIRA

¿QUÉ PUNTOS DE VISTA, EXPECTATIVAS O AFERRAMIENTOS TE ESTÁN CAUSANDO UN SUFRIMIENTO MENTAL AÑADIDO?

SUELTA

UNA Y OTRA VEZ (PACIENCIA)

¿QUÉ CAMBIA CUANDO SUELTAS? ¿QUÉ POSIBILIDADES SE ABREN?

¿CÓMO PUEDES ATENDER ESTA SITUACIÓN CON MÁS SABIDURÍA? ¿QUÉ NECESITAS HACER O DECIR? ¿EN QUÉ NECESITAS ENFOCARTE?

CAPÍTULO 2

LA COMPASIÓN

QUÉ HACER CUANDO TE GOLPEAS EL DEDO CHIQUITO DEL PIE

La imperfección no es un problema personal: es una parte natural de existir.
TARA BRACH

Imagina que vas caminando con los pies descalzos por la sala de tu casa y de pronto te golpeas el dedo chiquito del pie con la esquina de una mesa. ¡Ouch!

Ante este hecho puedes reaccionar de distintas maneras.

- **a)** Aguantarte el dolor y seguir como si nada hubiera pasado.
- **b)** Enojarte contigo mismo por haberte golpeado de una manera tan tonta.
- **c)** Culpar a la mesa.
- **d)** Tirarte al suelo y lamentarte desconsoladamente por días enteros.
- **e)** Respirar, sobarte el dedo con amabilidad y seguir adelante.

Las primeras cuatro alternativas son reacciones automáticas que no nos ayudan a sufrir menos.

En cambio, la última opción plantea una respuesta más consciente y eficiente contra el dolor: la compasión.

Cuando enfrentamos adversidades en nuestra vida, muchas veces no sabemos qué hacer al respecto. A veces evadimos lo que sentimos, a veces intentamos hacernos los fuertes, a veces nos distraemos con alcohol o entretenimiento, a veces nos culpamos a nosotros mismos, a veces culpamos a los demás, a veces nos enojamos con el mundo y a veces nos hundimos tan profundamente en nuestro dolor que no logramos ver la salida a nuestros problemas.

Todas estas conductas por lo general son estrategias poco efectivas que venimos cargando por mucho tiempo. Quizás las aprendimos de nuestros padres, quizás fueron detonadas por algún miedo del pasado, o quizás son la manifestación viviente de un sin fin de generaciones que no han sabido lidiar con el sufrimiento.

Pero podemos cambiar. Si nos entrenamos en la práctica de la atención y la compasión, seremos capaces de reconocer nuestras reacciones automáticas, soltarlas y afrontar el sufrimiento con amabilidad. Compasión significa entrar en contacto con el sufrimiento y, de ser posible, hacer algo para reducirlo o evitar que continúe. Es algo que podemos hacer por nosotros mismos y también por los demás.

Para muchas personas, practicar la compasión hacia uno mismo resulta muy difícil. Es por eso que empezaré hablando de la autocompasión.

La doctora Kristin Neff, una investigadora que también ha estudiado budismo, expone la práctica de la autocompasión a través de tres componentes que funcionan en conjunto:

1. La atención consciente
2. La humanidad compartida
3. La bondad

El primer componente consiste en prestar atención a lo que sentimos en el momento presente. Apoyándonos en nuestra respiración, tomamos consciencia de nuestro cuerpo, de nuestros sentimientos, de las ideas que circulan por nuestra cabeza y de todo lo que nos rodea. Lo hacemos sin juzgar y sin reaccionar. Lo hacemos amablemente, inhalando y exhalando. Este acto por sí solo marca una gran diferencia, porque en lugar de reaccionar en automático ante las cosas que suceden, nos detenemos un instante para prestar atención y aclarar la mirada.

El segundo componente nos invita a reconocer y aceptar el hecho de que es completamente humano experimentar sufrimiento. No somos raros ni inadecuados. Somos parte de «El club de los corazones que sufren». Recordar esto es muy importante porque muchas veces la razón por la cual no nos permitimos ser compasivos con nosotros mismos es porque creemos que no deberíamos estar sufriendo. Por otra parte, también es reconfortante saber que no estamos solos y que allá afuera hay más personas con las que podemos compartir nuestra compasión.

El tercer componente nos permite atender y transformar nuestro sufrimiento con amabilidad. En lugar de ser duros o negligentes con nosotros mismos, nos damos permiso de regalarnos un trato cálido y explorar nuestras necesidades. Este gesto debe conducirnos a tomar acciones que realmente alivien nuestro sufrimiento y nos permitan seguir adelante. A veces necesitamos descanso, a veces ayuda, a veces un abrazo, a veces expresar algo, a veces poner límites, a veces proveernos de recursos y a veces recargar la confianza en nosotros mismos. Cada situación es única.

Cuando un ser querido pasa por un momento difícil, nuestra respuesta es estar ahí para él sin juzgarlo, le decimos que no tiene nada de malo sentirse mal y le ofrecemos nuestra ayuda, ¿cierto? La autocompasión funciona de la misma manera, solo que en este caso lo hacemos por y para nosotros mismos.

Así que la próxima vez que te golpees en el dedo chiquito del pie, o cuando algo no salga como esperabas, o cometas un error o las emociones te sacudan, puedes hacer lo siguiente:

1. Presta atención sin juicio a lo que estás sintiendo en el momento presente. ¿Dónde te duele? ¿Cómo se siente? ¿Qué tipo de

historias te estás contando? ¿Qué está pasando dentro y fuera de ti? No necesitas hacer nada al respecto, simplemente observa. Apóyate en tu respiración.

2. Recuerda que el sufrimiento es parte de la experiencia humana. No eres una persona rara por sentirlo. Eres parte del club. No estás solo.
3. Intenta ser amable y paciente contigo mismo. Date permiso de aproximarte a tu sufrimiento con gentileza. Respirando con calma puedes preguntarte: «¿Qué necesito?». Si escuchas con el corazón, tu misma sabiduría te dirá cuál es la mejor manera de atender y transformar eso que estás sintiendo.

Regalarnos paciencia, escucha, comprensión y amor a nosotros mismos en los momentos de sufrimiento, de forma incondicional, es el primer paso para sanar.

Regalarnos paciencia, escucha, comprensión y amor a nosotros mismos en los momentos de sufrimiento, de forma incondicional, es el primer paso para sanar.

AUTOCOMPASIÓN

PRESTO ATENCIÓN A LO QUE SIENTO EN EL MOMENTO PRESENTE CON CURIOSIDAD Y SIN JUZGAR.

ME TRATO AMABLEMENTE Y ME PREGUNTO QUÉ NECESITO.

RECUERDO QUE EL DOLOR ES PARTE DE LA EXPERIENCIA HUMANA.

PIENSA MENOS, SIENTE MÁS

A veces me pasa esto:

Digo o hago cosas que no corresponden con el ideal de lo que me gustaría decir o hacer. Torpezas bobas e inofensivas detonadas por la impulsividad y la falta de confianza en mí mismo. En casos como este, es común que surja en mí una sensación de vergüenza e insuficiencia. En primera instancia, mi tendencia es repasar e interpretar la situación racionalmente. ¿Por qué pasó lo que pasó? ¿Estuvo bien o mal? ¿Qué habrá pensado la otra persona? ¿Estoy exagerando? Pero he descubierto que sobrepensar solo me lleva a un laberinto sin salida. En cambio, he aprendido a simplemente sentir.

Respiro, toco mi corazón tierno, me reconozco imperfecto y me refugio en mi autocompasión. Observo el sentimiento sin identificarme demasiado con él, como si fuera un río de sensaciones pasando a través de mí. Esta manera de sentir me libera de la carga del juicio y al mismo tiempo clarifica mi perspectiva. La tensión se disuelve. Así, con la mirada más serena, puedo reflexionar acerca de lo ocurrido y extraer los aprendizajes necesarios.

Cuando experimentamos sufrimiento, solemos buscar una salida a través del pensamiento. Le damos vueltas a lo ocurrido, buscamos explicaciones, justificaciones, respuestas o soluciones. Viajamos hacia el pasado y hacia el futuro tratando de encontrar, desde lo racional, algo que nos haga sentir mejor. Pero en lugar de ofrecernos un alivio verdadero, este acto solo nos deja un agotador desgaste mental.

No hay nada de malo en analizar y reflexionar, pero muchas veces estas estrategias se convierten en un obstáculo que nos impide escuchar y atender nuestro dolor de una manera más directa. Me atrevo a decir (por experiencia propia) que se trata de un mecanismo de defensa: prefiero pensar que sentir, porque sentir me hace vulnerable, sentir me hace imperfecto, sentir me incomoda.

Pero sentir es humano. El miedo, la tristeza, el enojo y la vergüenza son experiencias completamente válidas. Si aprendemos a reconocerlas y a estar con ellas compasivamente, sin perdernos en juicios, excusas ni narrativas, el camino hacia un estado de calma será más profundo y efectivo.

Quizás frente al sufrimiento convenga empezar a pensar un poco menos y a sentir un poco más. Con paciencia, con sabiduría, con amabilidad. No será cómodo, pero sí liberador.

PIENSA
MENOS
SIENTE
MÁS

ABRAZAR EL SUFRIMIENTO

Hola, mi querido dolor, sé que estás ahí
y yo estoy aquí para ti.
THICH NHAT HANH

En medio de este caos ingobernable llamado vida, es imposible salir con el corazón ileso.

La gente muere.
Los planes cambian.
Las relaciones se complican.

No es fácil ser humano.

El cuerpo se enferma y envejece.
Los sentimientos se revuelven.
La mente se confunde.

Ocurren cosas que no queremos.
Queremos cosas que no ocurren.

Es tan poquito lo que podemos controlar.
Y tan inmensa la incertidumbre.

Entonces sufrimos.

Inquietud.
Ansiedad.
Estrés.
Confusión.
Dolor físico.
Cansancio emocional.
Desgaste mental.

Pero así como existe el sufrimiento, también existe la posibilidad de transformarlo.

En amor.
En compasión.
En alegría.
En sabiduría.

Necesitamos dejar de correr y aprender a parar.

Para escuchar el sufrimiento.
Para comprenderlo.
Para abrazarlo.
Para aliviarlo.

No es sencillo.
Se requiere valentía.
Pero es necesario.
Y también hermoso.

Puedes empezar ahora mismo.

Haz una pausa y respira.
Relaja tu cuerpo.
Suelta tensiones.
Sigue respirando.

Date permiso de sentir el sufrimiento.

No le tengas tanto miedo.
Salúdalo con una sonrisa.
Dile que estás aquí para él.

Hola, mi querido dolor,
sé que estás ahí
y yo estoy aquí para ti.

Respira suavemente,
dejándote acariciar
por cada inhalación
y cada exhalación.

Investiga el sufrimiento gentilmente.

¿De qué está hecho?
¿Qué lo ha causado?
¿Qué puntos de vista lo están alimentando?
¿Qué necesitas soltar?

Escuchando tu sufrimiento,
podrás comprenderlo.

Comprendiendo tu sufrimiento,
podrás cuidar de él.

Cuidando tu sufrimiento,
podrás transformarlo.

COMPRENDER A LOS DEMÁS

Cariño, sé que sufres y estoy aquí para ti.
THICH NHAT HANH

Si somos capaces de comprender y abrazar nuestro propio sufrimiento, será más sencillo comprender y abrazar el sufrimiento de los demás.

Cuando nuestros seres queridos experimentan estrés, miedo o ansiedad, muchas veces no sabemos cómo estar ahí para ellos. Tratamos de ayudarlos, pero sin realmente empatizar con su dolor. Ofrecemos consejos y soluciones sin antes escuchar lo que realmente necesitan. A veces la angustia de los demás nos parece irracional, y minimizamos sus sentimientos. En ocasiones, el dolor de las personas que más amamos nos abruma tanto que perdemos todas nuestras fuerzas.

A mi perro Lupo le dan muchísimo miedo las tormentas. El viento, la lluvia y los truenos lo ponen tan ansioso que no sabe qué hacer. Rasca el suelo y las paredes, se mueve de un lado a otro con su columna encorvada, jadea incesantemente y no puede estarse quieto en ningún lugar. Acompañarlo en momentos así es realmente retador para mí, sobre todo cuando la tormenta se presenta durante la madrugada y no puedo dormir. A pesar de lo mucho que lo amo, mi reacción ante su sufrimiento muchas veces está llena de frustración e impaciencia. Pero estoy aprendiendo a comprender su miedo y a ofrecerle mi verdadera compasión.

Quizás a ti te pasa algo similar con las personas que más quieres. La buena noticia es que podemos entrenar y desarrollar, poco a poco, nuestra compasión.

Practicar la compasión hacia los demás no es tan distinto a practicar la compasión hacia uno mismo. Empezamos prestando atención al momento presente de manera consciente y sin reaccionar. Inhalando y exhalando, habitamos nuestro cuerpo y nos llenamos de frescura para nosotros mismos y para la persona delante nuestro. Después recordamos que el sufrimiento es parte de la vida y que todos somos parte del mismo club. De esta forma evitamos juzgarlos.

«Cariño, sé que sufres y estoy aquí para ti». Gentilmente podemos preguntar: «¿Qué necesitas?». Quizás nuestro ser querido simplemente requiera compañía, escucha o un abrazo. Tal vez necesite estar a solas. O posiblemente nos pida algún tipo de ayuda. Es importante escuchar con el corazón.

Cuando acompañamos a alguien de esta manera, le ayudamos a sufrir un poco menos. Y lo mejor de todo es que nosotros también nos sentimos más en paz.

Si somos capaces de comprender y abrazar nuestro propio sufrimiento, será más sencillo comprender y abrazar el sufrimiento de los demás.

ESTOY AQUÍ

PARA TI

EXPANDIR LA COMPASIÓN

El sufrimiento es una experiencia universal; abordarlo con compasión es una de las capacidades más nobles que tenemos los seres humanos.
GIL FRONSDAL

En la sabiduría budista, la compasión no se limita solamente a nosotros mismos y a las personas que amamos, sino que se extiende a todos los seres.

Si miramos con profundidad, descubriremos que ningún ser está realmente separado del otro. Al momento de leer estas palabras tú no estás separado de mí, ni del árbol que se convirtió en el papel de esta página, ni de las personas involucradas en la producción de este libro, ni del mismísimo Buda. Tampoco estás separado de la maestra que te enseñó a leer, ni de los ojos de tus abuelos, ni de la inmensa red de individuos que hicieron posible la existencia de tu desayuno. Todos ellos, además, son miembros de El club de los corazones que sufren.

Al comprender esto, tu compasión se extenderá naturalmente hacia todos los seres que existen. A los que conoces y a los que no conoces. A los que están lejos y a los que están cerca. A los que te caen bien y a los que te caen mal. A los de derecha y a los de izquierda.

Compasión significa que el sufrimiento no te es indiferente y que, en el fondo de tu corazón, deseas que todos puedan estar en paz y que nadie sufra.

Es liberador si lo piensas. Es hermoso si lo practicas.

En un mundo cada vez más polarizado, donde el individualismo nos ha hecho dejar de mirar al otro, la compasión inclusiva y no discriminatoria resulta urgente. Necesitamos recordar que nuestro dolor no está separado del dolor de los demás. Necesitamos comprender que el sufrimiento, cuando lo enfrentamos con odio o indiferencia, solo produce más sufrimiento. Incluso cuando se trata del sufrimiento de personas a las que podríamos etiquetar de malvadas. Esto no quiere decir que debas ir a salvar a todo el mundo. Ni que tengas que tolerar las injusticias que otras personas cometen. Simplemente se trata de comprender el dolor de los demás y abrazarlo con el corazón.

Tómate un momento para pensar en una persona a la que conozcas, pero con quien no tienes una relación cercana. Puede ser una compañera de trabajo con quien casi no convives, un vecino o el amigo de una amiga. Contempla a esta persona como alguien que, al igual que tú, enfrenta estrés y adversidad. Imagina su corazón marcado con unas cuantas heridas. ¿Puedes empatizar con el dolor de esa persona? ¿Puedes sentirte conectado con ella? ¿Puedes sentir ese instinto benevolente de desearle bienestar? Estoy seguro de que sí.

Ahora piensa en una persona que no sea de tu total agrado. Ese pariente que te resulta molesto o ese miembro de tu comunidad a quien simplemente no toleras. Del mismo modo, considera el hecho de que esa persona también sufre. En su corazón hay angustias, miedos, tristezas y ansiedades. Es probable que una parte de ti no te permita empatizar con sus aflicciones. Pero si respiras con calma y llenas tu mente de compasión, dentro de ti brotará un deseo bondadoso de que esa persona no sufra más.

Extender la compasión no debe drenar nuestra energía ni hacernos sentir deprimidos ante la vida. Si practicamos poco a poco y con sabiduría, descubriremos que nuestro corazón se sentirá más lleno, más libre y más conectado. No solo con el dolor del mundo, sino también con su inmensa belleza.

PERSONAS QUE QUIERO QUE VIVAN LIBRES DE SUFRIMIENTO

ENVÍALE TU AMOR A ALGUIEN

Intenta esto a ver qué pasa:

Piensa en una persona que sepas que está viviendo una situación difícil. Si no se te ocurre nadie, simplemente piensa en un ser querido que tal vez está teniendo un mal día o se encuentra atorado en el tráfico en este momento.

¿Ya lo tienes?

Ahora, lo único que tienes que hacer es enviarle tu amor en forma de exhalación.

¿Y cómo se hace eso?

Así:

1. Piensa en esa persona.
2. Inhala generando amor y buenos deseos en tu corazón.
3. Al exhalar envíale ese amor imaginariamente.

Haz la prueba en este preciso momento.

¿Ya?

Espero que se haya sentido bien.

---

*Nota al pie: Este ejercicio está inspirado en una práctica del budismo tibetano conocida como Tonglen. No es exactamente igual a como yo la describo, pero puedes investigarla por si te interesa.

LA RESPIRACIÓN COMO UNA CARICIA

Cuando me siento inquieto, ansioso, triste o confundido, me gusta imaginar que mi respiración me acaricia el corazón y me calma.

Cierro los ojos y me dejo sosegar por el vaivén de la inhalación y la exhalación. Me refugio en la suavidad de mi pecho que se infla y desinfla.

Incluso he llegado a pensar que la respiración puede ser como una madre. ¿Conoces esa sensación de querer que tu mami te diga que todo estará bien? Creo que es posible encontrar ese alivio en la respiración. Inhalar y exhalar con suavidad es una forma de estar ahí para ti mismo. Es un acto de tierna autocompasión.

No pierdes nada con intentarlo. La próxima vez que necesites un poco de sosiego, explora qué pasa si visualizas cómo tu respiración acaricia tu corazón tiernamente.

En cada aliento y en cada suspiro, la caricia te dice:

Estoy aquí para ti.
Te entiendo.
Vas a estar bien.
Eres suficiente.
Calma, amor mío.

CAPÍTULO 3
EL SOLTAR

CAMBIA LA RECETA DE TU PASTEL

Para que un pastel exista se necesitan distintos ingredientes, los cuales deben ser incorporados bajo ciertas condiciones, como la temperatura adecuada del horno y el tiempo de cocción suficiente. El resultado depende tanto de los ingredientes como del procedimiento. Si tú cambias la receta, el sabor del pastel también cambia. Gracias a esto podemos disfrutar de una gran diversidad de pasteles.

Nuestros estados mentales funcionan de la misma manera. Si tú mezclas ciertos ingredientes bajo ciertas condiciones, obtendrás un estado mental específico. La tranquilidad es un pastel. La ansiedad es un pastel. El aburrimiento es un pastel. Cada una de estas experiencias surge a partir de causas y condiciones o, dicho en otras palabras, surge a partir de la combinación de ciertos ingredientes.

Cuando el Buda presentó su *segunda noble verdad* (existe la causa del sufrimiento), quería darnos a entender que el sufrimiento surge cuando los ingredientes necesarios se combinan bajo ciertas condiciones. Esto significa que si tú cambias los ingredientes o los incorporas de una forma distinta, puedes preparar un estado mental que no tenga sabor a angustia o insatisfacción. Puedes cocinar un pastel más rico.

La avidez, el odio y la falta de comprensión (los tres fuegos) son los ingredientes esenciales del sufrimiento, pero resulta bastante útil reconocer que el descontento tiene causas multifactoriales y complejas. Son muchísimas (por no decir infinitas) las circunstancias que influyen en cómo nos sentimos:

Las personas con las que convivimos
La información que consumimos
Nuestra alimentación
Nuestro estado físico
Nuestra situación económica
La educación que recibimos
La cultura en la que vivimos
La genética de nuestro cuerpo
La calidad de nuestro descanso
La historia de nuestros ancestros
La situación sociopolítica de nuestro país
El ambiente laboral en el que estamos
Nuestros puntos de vista
Nuestras motivaciones
Nuestras decisiones
Nuestro estilo de vida

La lista es eterna, pero esto no debe abrumarnos o hacernos sentir impotentes. Al contrario, mientras más factores podamos identificar, más posibilidades tenemos para modificar la receta de nuestros estados mentales. Hay elementos que no están en nuestro control. Hay factores que son más fáciles de modificar que otros. Pero podemos empezar poco a poco. Un ingrediente a la vez.

Algo que a mí me pasa con mucha frecuencia es que me siento con una especie de prisa interior. Mi pastel recurrente es un acelere interno que no me permite hacer las cosas con calma y con gozo. Pero si respiro y miro con claridad, puedo percatarme de cuáles son las causas y condiciones que alimentan este estado mental; y modificar aquellas que están dentro de mi campo de acción. Por ejemplo: la velocidad de mis movimientos, la motivación detrás de mis acciones y mis puntos de vista acerca de lo que es urgente. Al darme cuenta de esto, lo que hago es empezar a moverme más despacio, refrescar las intenciones detrás de lo que estoy haciendo y recordar que nada es tan urgente como parece. Al hacer esto, mi estado mental se modifica y me siento un poco más tranquilo.

Piensa en un estado mental que sea recurrente en ti y que te gustaría cambiar. ¿Sueles sentirte con preocupación o ansiedad? ¿Con irritación o frustración? ¿Experimentas una sensación de desmotivación o de no sentirte suficiente? Identifícalo y ponle un nombre. ¿Cómo se llama tu pastel?

Ahora reflexiona acerca de cuál es la receta de ese estado mental en específico. ¿Qué factores internos y externos contribuyen a que te sientas de esa manera? ¿Qué circunstancias específicas dan pie a ese sentimiento? ¿Qué puntos de vista alimentan esta emoción?

Identifica cuáles ingredientes puedes modificar y cuáles no. Elige aquellos que puedas cambiar con más inmediatez. Por ejemplo: soltar alguna creencia (o al menos dudar de ella), dejar de consumir cierto contenido, renunciar a una forma específica de actuar o alejarte de algún entorno en particular. Recuerda: si cambias la receta, el sabor del pastel cambiará.

Esta reflexión también nos motiva a mantener y cuidar los elementos que dan surgimiento a estados mentales más agradables. Si revisas cuáles son ingredientes que te hacen sentir en estados de calma, alegría, plenitud, gozo y amor, obtendrás la introspección necesaria para seguir cultivando dichas causas y condiciones. Por ejemplo, si las personas de quienes te rodeas, tus hábitos alimenticios y tu actitud ante la adversidad son la fuente de tu bienestar, entonces lo único que tienes que hacer es seguir haciendo pasteles con la misma receta.

El arte de sufrir menos consiste en prestar atención a los elementos que integran nuestra realidad para nutrir los que nos liberan y soltar aquellos que no nos hacen bien.

CAMBIA LA RECETA

PASTEL HABITUAL

NUEVO PASTEL

¿CÓMO SE LLAMA?

INGREDIENTES:

¿CUÁLES INGREDIENTES NO PUEDES CAMBIAR POR AHORA?

¿CUÁLES SÍ?

NUEVO NOMBRE:

ALIMENTA TU MENTE DE COSAS BONITAS

Lo que introduces en tu cabeza afecta tu sentir.

Si la llenas de información innecesaria, contenido, noticias, ruido, violencia, comparaciones, chismes y discusiones cargadas de odio, lo más probable es que sientas agitación y ansiedad.

Pero si alimentas tu mente con cosas bonitas, la calma y el amor brotarán dentro de ti.

Dale conversaciones inspiradoras.
Dale palabras de gratitud.
Dale enseñanzas que te motiven.
Dale libros que te tranquilicen.
Dale momentos de silencio.
Dale paisajes hermosos.
Dale fotos de perritos.
Dale un paseo por el parque.
Dale canciones que te hagan bailar.

Tu ser entero te lo agradecerá.

SEÑALES

Si se siente muy pesado...
Si la vida no te alcanza...
Si se sale de tus manos...
Si se roba tu calma...

Algo hay que soltar.

Escucha las señales.

Libera.
Renuncia.
Abandona.

Vas a estar bien.

SUELTA LOS HUESOS SIN CARNE

Una vez un perro se encontró un hueso en la calle. Entusiasmado por su fabuloso hallazgo, corrió hacia su nuevo tesoro antes de que otro perro se lo ganara. Lo apresó con el hocico y empezó a morderlo con todas sus ganas. Era un hueso viejo, seco, sin carne ni jugo. Pero el perro no se daba cuenta. Mordía y mordía aferradamente, lastimándose sus colmillos y sus encías. Hasta que de pronto cayó en cuenta de la verdad: el hueso no tenía nada que ofrecerle más que pura desilusión. Entonces lo soltó y siguió su camino moviendo la cola.

A veces nosotros somos como ese perro. Nos aferramos a huesos sin carne y no nos damos cuenta. Insistimos en encontrar satisfacción en objetos de deseo que, en lugar de llenarnos profundamente, solo nos dejan con ganas de más:

Aprobación externa
Fama y dinero
Posesiones materiales
Placeres sensoriales
Contenido en redes sociales

También hay huesos más sutiles:

La búsqueda de certidumbre
El perfeccionismo
El deseo de control
La productividad excesiva
Las expectativas acerca de los demás
El afán de ser alguien distinto

Mordemos y mordemos, pero nunca saciamos realmente. Nos desgastamos sin éxito. El vacío jamás se llena. Necesitamos darnos cuenta del engaño. Necesitamos desilusionarnos y decir basta.

Este tipo de desencanto es muy positivo porque nos motiva a abandonar aquello que nos tiene enganchados con falsas promesas e ir en busca de otra fuente de felicidad que realmente nos satisfaga. Pero primero hay que renunciar al hueso.

Piensa por un momento:

¿En qué tipo de placeres, objetos, metas, hábitos o personas estás buscando algo que en realidad no estás obteniendo? ¿Cómo te hace sentir esa búsqueda? ¿Puedes sentir el hartazgo? ¿Estarías dispuesto a dejar ir?

Soltar no siempre es fácil. Las cosas que perseguimos nos ofrecen un señuelo, una fachada de urgencia, una gratificación fugaz, un destello de confort. Necesitamos parar, respirar y prestar atención. De esta manera lograremos tomar distancia de las sensaciones y los pensamientos de deseo que surgen cuando entramos en contacto con eso que creemos que nos va a dar la felicidad que tanto buscamos. Solo así notaremos la trampa en la que estamos cayendo.

¿Cómo se siente tu cuerpo cuando estás a punto de llamarle a tu ex? ¿Qué sensaciones surgen cuando estás por comprar un nuevo par de zapatos que no necesitas? ¿Qué pensamientos brotan cuando quieres corregir un detalle insignificante por mero perfeccionismo?

Si inhalas y exhalas con calma, podrás observar tu experiencia sensorial, pero sin dejarte arrastrar por ella. De esta manera, la falsa promesa se volverá más evidente, la posibilidad de dejar ir se sentirá más accesible y la incomodidad de soltar será más llevadera. Tendrás que repetir el proceso para ir tomando confianza. Soltar una y otra vez hasta que dejar ir sea tan natural como apartar la mano de una estufa caliente.

Mi celular es un hueso sin carne muy presente en mi cotidianidad. Lo agarro mecánicamente, abro aplicaciones buscando una sensación de novedad o de alivio. Navego unos minutos por redes sociales sin obtener algo que realmente me satisfaga. Siento el hartazgo en forma de ansiedad. ¿Qué sentido tiene ver todo esto? ¿Cuánto tiempo más necesito mirar la pantalla? ¡Ni un segundo más! Suelto y me libero. Instantes después la inercia me jala. Quiero agarrar el celular de nuevo, pero esta vez respiro y no hago nada. Suelto el celular antes de siquiera tocarlo con mis manos. La renuncia me deja incómodo, con una sutil ansia ante la vida. Respiro y abrazo el ansia. Todo está bien.

Estamos tan acostumbrados a morder huesos sin carne que no sabemos dónde buscar una plenitud profunda y verdadera. Nos da miedo soltar porque no sabemos de dónde más agarrarnos. El vacío nos aterra.

Pero podemos aventurarnos a explorar una vida con más libertad y sin tantas ataduras. Abrazar el vacío con una sonrisa. Disfrutar las cosas simples. Habitar el presente sin tantas expectativas. Y dejar de buscar afuera lo que solo podemos encontrar adentro.

---

*Nota al pie: **La alegoría del perro y el hueso sin carne no la inventé yo. En realidad es una adaptación que hice a un discurso ofrecido por el Buda. Este discurso se conoce como «Potaliya Sutta».**

← HUESO
SIN CARNE

NO HAY NADA ETERNO

Todo es impermanente: la felicidad, la tristeza, una gran comida, un imperio poderoso, lo que sentimos, las personas que nos rodean, nosotros mismos.

SHARON SALZBERG

Todo lo que existe en este mundo está sujeto al cambio: el cuerpo, las emociones, los pensamientos, las relaciones, el dolor, el placer, el éxito, el fracaso. Nada es para siempre y nada podemos hacer para evitarlo. El Buda decía que, si logramos comprender y aceptar esto con sabiduría, naturalmente optaremos por dejar de aferrarnos a las cosas y, por consecuencia, sufriremos menos.

Soltar es, hasta cierto punto, inevitable. La vida es un río que se lleva todo lo que poseemos. Pero mentalmente vivimos agarrados a situaciones, ideales, expectativas, ilusiones, personas o cosas que no saben hacer otra cosa que no sea cambiar, cambiar y seguir cambiando.

Soltar es aceptar el flujo de impermanencia y refugiarse sin resistencia en la belleza del cambio. Es apreciar lo bueno que tenemos en el momento presente, reconociendo que no hay poder humano que pueda retenerlo. Es transitar las dificultades, recordando que eventualmente se convertirán en otra cosa. Es caminar detrás de nuestros sueños, sabiendo que la satisfacción de alcanzarlos solo será momentánea. Es abrir las manos con amor para que llegue lo que tenga que llegar y se vaya lo que se tenga que ir.

Esto no quiere decir que las pérdidas no duelan, o que no debamos preocuparnos por cuidar lo que tenemos. Soltar no implica vivir con frialdad, ni tampoco significa andar a la deriva sin ton ni son. Quizás, soltar es estar amablemente con el cambio mientras ocurre. Sin ansia por empujar el tiempo hacia adelante, sin obsesión por congelar lo que tenemos y sin añoranza por volver a lo que fue.

Las cosas son preciosas precisamente porque acaban. Si todo fuera eterno, sería imposible atesorar su belleza. La magia de la vida radica en el hecho de que todo se transforma. Agradece lo que fue, aprecia lo que es y acepta lo que vendrá.

Suelta sin esfuerzo

Si te fijas en tu respiración, notarás que todo el tiempo estás soltando sin darte cuenta. Recibes aire y luego lo dejas ir. Lo haces sin esfuerzo. Lo haces porque exhalar es tan esencial para vivir como inhalar. Dejar ir debe ser así de natural. Si te obsesionas demasiado, entonces terminarás empujando insistentemente, y eso no es soltar, eso es sufrir.

EJERCICIO

1. Siéntate en silencio, cierra los ojos y siente tu respiración.
2. Siente la ligereza de dejar ir con cada exhalación.
3. Disfruta la llegada de cada nueva inhalación.
4. Quédate un rato así, observando la respiración como un acto de dejar ir sin necesidad de esforzarte.

Soltar es como disfrutar la respiración momento a momento. Sin prisa y sin demasiada intervención de tu parte. Cuando necesites soltar en la vida cotidiana, observa tu respiración. En ella encontrarás a tu mejor maestra.

**Las cosas
son preciosas
precisamente
porque acaban.
Si todo fuera eterno,
sería imposible
atesorar su belleza.**

SOLTAR ES UN ACTO DE RENUNCIA

Soltar es un acto de renuncia.

Soltar es estar dispuesto a perder algo.

Soltar es abrirse a la ausencia de algo.

Soltar es dejarse tocar por la incomodidad.

Soltar es aceptar que no puedes tenerlo todo.

Soltar es quitarle el «mío» a las cosas.

Soltar es un acto de humildad.

Soltar no es aventar algo y verlo desaparecer en el abismo.

Soltar es un ejercicio de paciencia y amabilidad.

Se suelta con una mano en el aire y otra en el corazón.

Se suelta para perder algo.

Y también para ganar algo.

¿Y qué se gana?

Habrá que descubrirlo.

SOLTAR
ES UN ACTO
DE RENUNCIA.

UN PERSONAJE LLAMADO «YO»

Imagina que estás en una obra de teatro interpretando a un personaje. Tienes un vestuario, una identidad y una historia. En cada escena, actúas con base en los sentimientos y la forma de pensar del personaje. Con el paso del tiempo, te empiezas a meter tanto en el papel que olvidas que se trata solo de una ficción. Crees que ese personaje eres tú. Hasta que un día, ya no recuerdas quién eres en verdad. ¡Eso sí que sería un drama!

Esta es la historia de nuestra vida. Desde que nacemos, creamos —o nos crean— un personaje llamado yo, con el cual nos identificamos hasta la médula. Formamos una identidad a partir de nuestro cuerpo, nuestros sentimientos, nuestros puntos de vista, nuestra forma de pensar y todo el cúmulo de cosas que consideramos que nos representan: nacionalidad, profesión, género, religión, virtudes, defectos, gustos musicales y hasta el equipo de futbol al que apoyamos. Creemos que somos todas esas cosas. Pero si vemos con claridad, descubriremos que no somos nada de eso. O, al menos, no de la forma en la que creemos.

Si te fijas bien, comprobarás que no hay ningún aspecto de tu ser que puedas señalar y decir: «Eso soy yo». No existe nada en ti que sea permanente, autónomo y que te defina de forma absoluta. Eres una experiencia que está cambiando todo el tiempo (incluso mientras lees estas palabras) y que solo puede existir en relación con otros elementos que están fuera de ti, como el agua, el sol, el oxígeno y la tierra. Si estos elementos desaparecieran, tú también desaparecerías.

Tus atributos, tus defectos, tus éxitos y tus fracasos también son cosas que no dependen cien por ciento de ti, sino que son el resultado de una compleja interacción con otros seres, como tus padres, tus ancestros, tu comunidad, tus maestros y la cultura. Lo que «eres» está entretejido con lo que «no eres».

Eso a lo que llamas «yo» es en realidad una red de conexiones infinitas. Reflexionar acerca de esto puede ayudarte a verte a ti mismo como algo menos rígido y sin tanto peso que cargar sobre tus hombros. No eres el personaje que te has construido, ni tampoco eres el protagonista de nada. Eres algo más libre, más fluido, más ligero, más acompañado.

Cuando el Buda habló del sufrimiento, dijo: «En síntesis, el aferramiento a Los cinco agregados es sufrimiento». Los cinco agregados son aspectos que integran tu ser, pero que no son tú. Algo así como las capas de tu personaje. Si te identificas demasiado con ellas, sufrirás más de lo necesario. Son las siguientes:

1. **La forma material:** Tu cuerpo y tus sentidos.
2. **La tonalidad de las sensaciones:** El efecto agradable, desagradable o neutral que experimentas cuando tus sentidos entran en contacto con el mundo. La sensación agradable en ti cuando hueles un aroma que te gusta, la sensación desagradable en ti cuando pruebas un alimento que no toleras o la sensación neutral en ti cuando ves algo que te resulta indiferente.
3. **Las percepciones:** La capacidad de distinguir y nombrar los objetos que entran en tu conciencia. Por ejemplo: cuando ves una nube y automáticamente dices: «Eso es una nube». O cuando escuchas un claxon y dices: «Eso es un claxon». Es importante entender que este agregado no hace referencia a la nube o al claxon, sino a la percepción que tú tienes de estos fenómenos.
4. **Las formaciones mentales:** Los pensamientos, puntos de vista e intenciones que te hacen actuar de cierta manera. Por ejemplo: el deseo que tuviste de leer este libro, las preocupaciones que brotan en tu mente acerca de cómo te ven los demás o quizás el anhelo de vengarte de quien te hizo daño.
5. **La conciencia:** La facultad que tienes de ver, escuchar, oler, saborear, sentir y pensar. No es una conciencia especial o elevada, simplemente es la condición de estar

consciente. O sea, lo opuesto a cuando quedas inconsciente por un golpe en la cabeza o estás durmiendo.

Estas cinco capas tienen dos cosas en común: todas ellas son cambiantes y todas ellas existen en dependencia de otras cosas externas a nosotros. Y, sin embargo, las vemos como si fueran capaces de definirnos. Nos identificamos con nuestro cuerpo, sensaciones, percepciones, pensamientos y conciencia. Y a partir de esa identificación creamos un personaje que termina por tomarse todo de forma personal.

Pero... ¿quién se ofende cuando te ofendes? ¿Quién se preocupa cuando te preocupas? ¿Quién se ríe cuando te ríes? ¿Quién se muere cuando te mueres? Piénsalo bien.

Si el «yo» no está en el cuerpo, ni en las sensaciones, ni en las percepciones, ni en los pensamientos, ni en la conciencia, ¿en dónde está? No es necesario quebrarnos la cabeza tratando de encontrar una respuesta. Tampoco tiene caso ponernos a filosofar demasiado acerca del origen y el fin de nuestra existencia. Lo más sabio, en todo caso, es relajarnos un poco. No tomarnos a nosotros mismos tan en serio. Soltar el personaje y darnos permiso de ser una experiencia más suave y menos aferrada.

Mientras más nos identifiquemos con la identidad que fabricamos a través de nuestro aspecto físico, gustos, creencias, pensamientos y personalidad, más probabilidades tendremos de sufrir. Cualquier crítica nos hará sentir agredidos y nos costará muchísimo trabajo adaptarnos a los cambios inesperados de la vida. Todo se sentirá más pesado de lo que es en realidad.

En cambio, si aceptamos que no hay ningún «yo» capaz de definirnos por completo, lograremos experimentar cada momento como una vivencia única y misteriosa. Además, nos convertiremos en personas menos individualistas, lo cual nos ayudará a vernos a nosotros mismos como parte de un universo vasto y cambiante del que no estamos tan separados como pensamos. Seremos más compasivos.

Sobra decir que, efectivamente tenemos una historia, un acervo de aprendizajes, una forma de ser, un acta de nacimiento y un sin fin de cosas que nos hacen ser nosotros. Sí hay un «yo» al que debemos cuidar, nutrir y amar. Sí hay un «yo» del cual debemos hacernos cargo. Sí hay un «yo» que puede lastimar a otros. Por favor no te quedes con la idea de que tú no importas y que nada de lo que haces importa.

Simplemente, la próxima vez que te sientas agobiado por la vida, recuerda que tal vez eres solamente un personaje en una obra de teatro. Quizás podrás reírte un poco de ti mismo.

LOS CINCO AGREGADOS

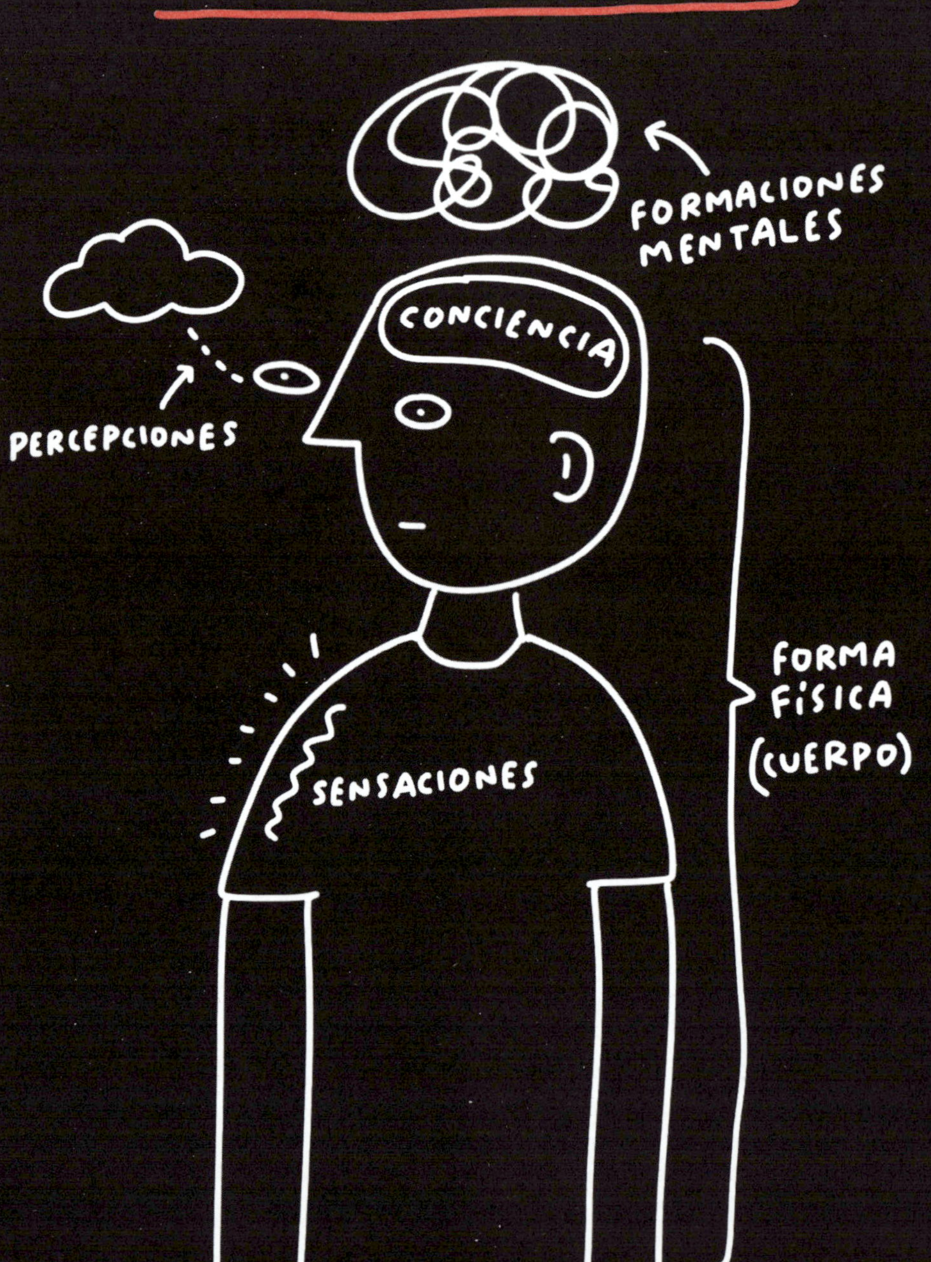

Si aceptamos que no hay ningún «yo» capaz de definirnos por completo, lograremos experimentar cada momento como una vivencia única y misteriosa.

CAÍ EN UNA TRAMPA

Primer acto

Caí en una trampa.
¿Cuál trampa?
La expectativa de que allá afuera, en algún lugar, existe una especie de solidez que me hará sentir que tengo todo resuelto.

Segundo acto

La trampa me lastima.
¿Cómo?
Siento ansiedad porque busco solidez cuando no la tengo. No me relajo porque temo perder la poca solidez que poseo.

Tercer acto

Encuentro la llave para salir de la trampa.
¿Y cuál es la llave?
Aceptar y reconocer que la vida es un terreno cambiante, donde no hay solidez permanente. No hay nada a lo que pueda aferrarme realmente.

Cuarto acto

Salgo de la trampa.
Relajo la expectativa, aflojo la búsqueda y me abro a la vida. Reconozco que vivir es una aventura incómoda. Y que pase lo que pase, tarde o temprano, estaré (más o menos) bien.
Me libero.

*La obra se repite una y otra vez hasta que, poco a poco, dejo de caer en la trampa.

CAPÍTULO 4
LA LIBERTAD

OTRO TIPO DE FELICIDAD

Existen dos tipos de felicidad.

La primera es la que surge cuando nuestros sentidos se deleitan, cuando nuestros deseos se satisfacen, cuando nuestras expectativas se cumplen. Es la alegría de saborear una rica pizza, obtener un ascenso en el trabajo, comprar ropa nueva, viajar a un bello lugar, recibir la aprobación de nuestros colegas, limpiar un montón de platos sucios, quitarnos el frío con una cobija o irnos a dormir después de un día cansado. Es un tipo de felicidad muy placentera, muy humana y muy válida. Pero no es la única que hay.

Existe un segundo tipo de felicidad que es menos intensa, pero más estable. Es la tranquilidad que surge cuando estamos en paz con lo que tenemos aquí y ahora. Es la satisfacción que emana ante la ausencia de deseo. Es la libertad de vivir sin el peso del ansia. Es tener el corazón en paz. Sin nada que ganar, sin nada que perder. Este es el tipo de felicidad que el budismo nos invita a nutrir.

Como sociedad estamos acostumbrados a perseguir únicamente el primer tipo de felicidad. Quizás porque es la única que conocemos. El problema es que esta felicidad depende de factores externos que son impermanentes, y por lo tanto solo pueden ofrecernos una satisfacción momentánea. Es por eso que siempre «vamos queriendo más y más», como diría Kinky en su canción. No hay nada de malo en perseguir nuestros sueños o en disfrutar una buena rebanada de pizza. Pero tal vez vale la pena dejar de depender únicamente de la alegría que surge cuando obtenemos lo que deseamos y explorar la posibilidad de acceder a una felicidad más profunda y duradera.

Imagina que estás frente a una fogata ardiente que te provoca mucho calor. Tomar agua helada, refrescarte con un abanico o ponerte compresas frías equivalen al primer tipo de felicidad. Se siente un alivio, pero mientras la fogata siga encendida, nunca será suficiente. El segundo tipo de felicidad consiste en apagar la fogata y disfrutar plácidamente la ausencia de calor. Cuando dejamos de echarle leña al fuego de la avidez, el odio y el egocentrismo, las llamas se extinguen y nos sentimos más frescos.

Debemos ser conscientes de este tipo de felicidad y aprender a cultivarla en nuestro día a día. Respiremos, bajemos el ritmo, abracemos nuestro sufrimiento, practiquemos la compasión, dejemos ir y apreciemos la vida con sabiduría. Mientras más estemos en contacto con ella, más aprenderemos a crearla y a disfrutarla. Nos sentiremos en calma incluso en medio del caos.

EJERCICIO

1. Acomódate en una postura cómoda y cierra los ojos.
2. Suaviza tu cuerpo: relaja cualquier tensión.
3. Empieza a respirar con absoluta presencia.
4. Al inhalar imagina que te llenas de frescura y ligereza.
5. Al exhalar dejar ir cualquier tipo de búsqueda o lucha.
6. Ríndete a la vida tal como es, aquí y ahora.
7. Sonríe mientras sigues respirando.
8. Descansa en el flujo de tu respiración por un momento.

La segunda felicidad está disponible para nosotros en todo momento. No es necesario obtener nada en especial, basta con darnos permiso de soltar y tocar la vida tal como es. Desde ese estado de liviandad y presencia, podemos enfrentar los problemas que se nos presentan e incluso alcanzar nuestras más grandes aspiraciones. Pero no desde el ansia, sino desde la confianza. Sin nada que perder, sin nada que ganar.

Felicidad es tener el corazón en paz. Sin nada que ganar, sin nada que perder.

LIBERTAD CREATIVA

Una alumna que acude regularmente a las sesiones de meditación que ofrezco, me contó que gracias a su práctica ha notado en ella misma un cambio sutil, pero muy liberador:

> Antes me enganchaba mucho con los comentarios inoportunos que hace mi suegro. Me esforzaba por corregirlo, intentaba explicarle lo que estaba mal y hacía todo lo posible para que cambiara su forma de pensar y de hablar. Pero a él no le importaba y simplemente seguía diciendo las mismas cosas. Era muy cansado y muy desgastante. Ahora me siento más en paz. Ya no me aferro, ni me enojo tanto. Respondo a sus comentarios con ligereza e incluso con humor. A veces lo dejo hablando solo. Sé que yo no tengo el poder de hacerlo cambiar y eso me da mucha libertad.

La mayoría de nosotros nos identificamos con una forma específica de pensar y actuar. Nos aferramos a seguir repetitivamente el mismo camino y se nos olvida que existen infinitas posibilidades de interactuar con la vida. Soltar la avidez, el odio y la falta de comprensión nos da libertad creativa. Así como mi alumna aprendió a responder de nuevas maneras a los comentarios de su suegro, todos podemos explorar formas más hábiles de relacionarnos con las adversidades de la vida cotidiana.

Cuando dejamos ir, nos liberamos de algo. Pero también nos liberamos para algo.

Para ver las cosas con mayor perspectiva.

Para actuar con más sabiduría.

Para elegir nuestras batallas con inteligencia.

Para tener más claridad mental.

Para encontrar soluciones inesperadas.

Para disfrutar los pequeños milagros.

Para cultivar relaciones más sanas.

Para permitirnos cambiar y evolucionar.

Para vivir con mayor aceptación.

Para sufrir menos.

Para sonreír más.

¿En qué situaciones de tu vida podrías responder con más creatividad? ¿Qué necesitas soltar para abrirle espacio a nuevas posibilidades? ¿Qué pasa si juegas más? ¿Qué pasa si te diviertes más? ¿Qué pasa si no te tomas a ti mismo en serio?

Habrá que descubrirlo.

SER TÚ MISMO

El mundo en el que vivimos nos incita a ambicionar una versión mejorada de nuestra persona, todo el tiempo. Constantemente nos preguntamos qué estamos haciendo mal y qué debemos cambiar. Como si ser nosotros mismos no fuese suficiente.

No hay nada de malo en evaluar nuestras acciones y las consecuencias de las mismas con el propósito de encaminarnos hacia una vida más armoniosa. El problema es cuando lo hacemos desde el perfeccionismo, la autoexigencia y la comparación con los demás.

El Buda invitaba a sus alumnos a evitar tres autopercepciones:

1. Soy mejor.
2. Soy peor.
3. Soy igual.

Estas tres ideas surgen de una visión incorrecta de nosotros mismos y de los demás. Si vemos con claridad, descubriremos que somos una experiencia cambiante que no puede ser comparada ni igualada con otros seres, ni siquiera con versiones pasadas o futuras de nosotros mismos. No somos mejor, ni peor, ni igual a nadie. Somos una forma única de vida. Somos una aventura desdoblándose momento a momento. Tú, yo y todos los que habitamos este universo somos suficientes aquí y ahora.

Algo que disfruto mucho hacer es ir a clases de pilates. Es una forma muy inspiradora de cuidar mi cuerpo y llenarme de vitalidad. Pero he tenido que aprender a no compararme con mis compañeras y compañeros. Solo así puedo concentrarme en mis movimientos y disfrutar cada clase sin abrumarme. No soy mejor que nadie, no soy peor que nadie, ni tampoco soy igual a nadie. De este modo me relajo, sonrío y disfruto del ejercicio sin tomarme a mí mismo tan en serio. Puedo esforzarme y expandir mis límites si así lo deseo, pero aceptándome tal como soy.

El camino hacia la paz interior empieza y termina con un sentimiento de aceptación propia. Necesitamos respirar y soltar las autoexigencias. De este modo lograremos acceder a una libertad muy bella: la libertad de ser justo lo que somos en el momento presente. Esta libertad nos permite transformarnos, crear y divertirnos en el camino.

Del mismo modo, debemos dejar de encasillar y juzgar a los demás. Estar constantemente evaluando a quienes nos rodean es una forma de sufrimiento que podemos soltar. Basta con comprender que cada persona es suficiente tal como es. Ni mejor, ni peor, ni igual.

EJERCICIO

Si en este momento sientes agobio por no ser suficiente en algún aspecto de tu vida, explora la siguiente práctica:

1. Siéntate, relaja tu cuerpo y respira.

2. Inhala y exhala sin prisa.

3. Esboza una sonrisa sin tomarte a ti mismo tan en serio y contempla lo siguiente:
   No soy mejor que nadie.
   No soy peor que nadie.
   No soy igual que nadie.
   Soy una experiencia única y cambiante.
   Soy mi propia aventura.
   Soy suficiente.
   Soy libre.

CÓMO SENTIRTE COMPLETO

¿Qué necesita una mariposa para sentirse completa?

¿Qué necesita una flor para sentirse completa?

¿Qué necesita una nube para sentirse completa?

Nada.

Porque todo está completo tal como es en cada preciso instante.

La mariposa está completa, aunque sea una pupa.

La flor está completa, aunque esté marchitando.

La nube está completa, aunque se convierta en lluvia.

Lo completo no existe como algo absoluto ni definitivo, sino que es un proceso.

Tú estás completo, así como eres en este momento.

Y en este otro.
Y ahora también.

Suelta la idea de que necesitas lograr o cambiar algo.

Y disfruta el proceso sintiéndote completo aquí y ahora.

DISFRUTA LAS FRESAS

Amalia corría por la selva a toda velocidad escapando de un furioso tigre que la perseguía con claras intenciones de atacarla. Para su buena suerte, se topó con un acantilado del cual colgaba una cuerda amarrada al tronco de un árbol. El acantilado era lo suficientemente alto y la cuerda lo suficientemente larga como para descender tranquilamente y dejar al tigre atrás. Mientras ella bajaba por la cuerda, el tigre la miraba rugiendo desde lo alto.

El problema parecía resuelto, pero cruel es el destino.

Justo cuando Amalia estaba a unos metros de llegar al suelo, un segundo tigre apareció para acecharla. La pobre mujer ahora se encontraba entre dos enemigos: un tigre arriba y un tigre abajo. Sus brazos empezaban a perder fuerza y los tigres no parecían tener prisa por irse de ahí.

De pronto, un rojo brillante en la pared del acantilado llamó la atención de Amalia. Era una hermosa fresa que se ocultaba entre las ramas. Se veía jugosa y apetecible. Entonces, la mujer que colgaba de la cuerda respiró, cogió la fresa con una de sus manos y la llevó a su boca. Fue el bocado más delicioso de su vida. Y aunque los tigres seguían ahí, Amalia fue capaz de disfrutar el sabor de ese momento con todo su ser. Una sonrisa se dibujó en sus labios.

Los tigres y las fresas en la vida cotidiana

El mundo acelerado en el que vivimos está lleno de preocupaciones que se sienten como tigres acechándonos. Los asuntos por resolver parecen no acabar nunca. Es abrumador y desgastante. Pero en medio de esta vorágine, tenemos la oportunidad de apreciar y disfrutar los pequeños placeres de las cosas simples. La vida cotidiana está llena de fresas. Y no necesitamos esperar a que los tigres se vayan para darnos permiso de saborearlas.

Cuando me siento saturado de pensamientos invasivos y cosas por hacer, intento regalarme un momento para buscar fresas a mi alrededor. Basta un vistazo consciente para descubrir cientos de ellas. En el movimiento de las hojas de un árbol, en el canto de las palomas citadinas, en el placer de habitar un cuerpo sano, en la frescura de tomar un vaso de agua, en la tranquilidad de saber que tengo una cama para dormir esta noche, en el deleite de mi propia respiración.

El dolor y la alegría coexisten todo el tiempo. Estar con ambas experiencias, sin negar una, ni dejar de ver la otra, es un acto de sabiduría. Necesitamos abrir la mirada para no dejar de ver lo bueno.

Necesitamos parar para refugiarnos en los milagros que se nos presentan momento a momento, incluso en medio de los problemas.

¿Qué fresas hay en tu vida cotidiana? ¿Qué pasa si te das permiso de saborearlas? No esperes a que los tigres dejen de acechar, pues eso nunca ocurrirá. El momento es ahora.

---

*Nota al pie: **La historia de «Los tigres y la fresa» es una parábola tradicional que se le atribuye al budismo zen. Se suele narrar de distintas formas y se le suelen asignar distintos significados. Esta es solamente mi versión.**

El dolor y la alegría coexisten todo el tiempo. Estar con ambas experiencias, sin negar una, ni dejar de ver la otra, es un acto de sabiduría.

ESTE ES UN BELLO MOMENTO

La vida no siempre es bonita, pero siempre hay cosas bonitas ocurriendo.

Cuando estamos enfrascados en nuestras preocupaciones, dejamos de apreciar todo lo bueno que tenemos aquí y ahora. Pero si aprendemos a liberarnos de nuestros enredos mentales, podremos abrir la mirada y sonreírles a los pequeños milagros que ocurren a cada instante.

El maestro Thich Nhat Hanh recomienda practicar el mantra de la alegría:

Este es un bello momento.

Significa que somos conscientes de que delante nuestro tenemos un regalo maravilloso que existe gracias a un sin fin de causas y condiciones. No necesita ser algo muy especial. Hay mucha magia en las experiencias más cotidianas.

Un día estaba en mi casa desayunando y tomando café con mi esposa, mientras mi perro dormía plácidamente cerca de nosotros. Una luz dorada entraba por la ventana. Sin embargo, mi mente estaba a mil por hora, pensando en todas las tareas que debía completar ese día.

Me detuve por un instante y respiré. Luego le dije a mi esposa:

Este es un bello momento.
Estamos vivos y estamos juntos.
Lupo nos acompaña.
¿Qué más podemos pedir?

Ambos sonreímos, conmovidos. El resto del día se sintió permeado de ligereza.

Un gesto tan simple como apreciar un bello momento y nombrarlo en voz alta puede liberarnos de muchas cargas y preocupaciones. Hay bellos momentos en todas partes. Incluso en medio de un embotellamiento vial. Es cuestión de aprender a verlos.

No necesitamos cambiar demasiadas cosas para llegar a un estado de plenitud. A veces, basta con cambiar la mirada.

Inténtalo en este preciso instante:

1. Inhala y exhala.
2. Siente tu cuerpo vivo.
3. Aprecia el entorno donde te encuentres.
4. ¿Qué milagros hay aquí y ahora?

ESTE ES UN BELLO MOMENTO

RESPIRA, OBSERVA Y ESCRIBE:
¿QUÉ MILAGROS HAY AQUÍ Y AHORA?

CAPÍTULO 5
EL CAMINO

AL ANDAR, SE HACE EL CAMINO

El camino budista no es una senda que debes seguir ciegamente, sino un estilo de vida que tú mismo vas desarrollando momento a momento. «Golpe a golpe, verso a verso», como cantaría Serrat inspirado en el poema «Caminante no hay camino» de Antonio Machado.

Cada día al despertar, tienes frente a ti un campo lleno de posibilidades. Cada situación cotidiana es una oportunidad para practicar el arte de sufrir menos. A través de tus pensamientos y tus acciones vas trazando tu andar. ¿A dónde te llevarán tus pasos hoy?

El noble sendero óctuple nos ofrece una brújula y una guía de viaje para caminar hacia una vida más libre y más plena. La buena noticia es que el destino no está allá en un lugar lejano, sino en el aquí y en el ahora.

Caminante no hay destino,
se hace destino al andar

La visión correcta, la intención correcta, la comunicación correcta, la acción correcta, el sustento de vida correcto, el esfuerzo correcto, la atención correcta y la concentración correcta son las pautas del camino. Maneras de vivir que tienen el potencial de hacernos la carga más liviana en el momento presente. Basta con ponerlas en práctica.

A continuación, haremos un recorrido por cada una de ellas. Te invito a que no solo las leas, sino que intentes llevarlas a cabo hoy mismo para que descubras a dónde te conducen.

CAMINANTE
NO HAY
DESTINO

SE HACE
DESTINO
AL ANDAR.

EL NOBLE SENDERO ÓCTUPLE

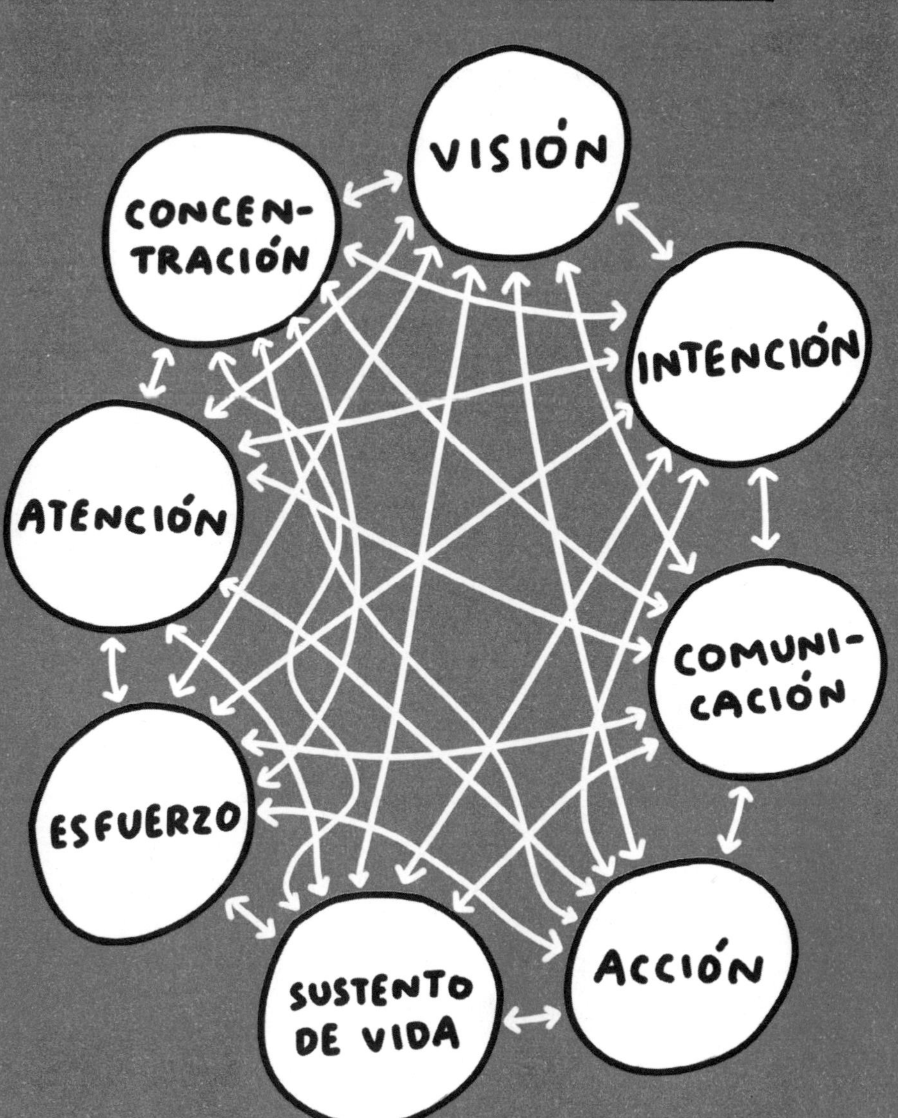

VISIÓN CORRECTA: VER LAS COSAS COMO SON

La forma en la que percibimos e interpretamos la realidad a través de nuestra mente es similar a tener unos lentes que distorsionan la mirada. En lugar de ver las cosas como son, lo hacemos a través del filtro de nuestros miedos, deseos y expectativas. Y eso nos hace sufrir. Sufrimos cuando una relación termina, porque la vemos con la esperanza de que sea eterna. Sufrimos cuando una persona comete errores, porque la vemos con la ilusión de que sea perfecta. Sufrimos cuando experimentamos emociones dolorosas, porque nos vemos a nosotros mismos bajo el engaño de que podemos controlar lo que sentimos.

La buena noticia es que, si aprendemos a aclarar nuestra mirada, sufriremos menos. A través de una enseñanza conocida como *las tres marcas de la existencia* podemos empezar a comprender cómo son las cosas en realidad. De acuerdo con este principio, todo lo que existe en este mundo tiene tres características universales:

1. Impermanencia
2. Insatisfactoriedad
3. No-yo

Impermanencia: todo se transforma

Desde que naciste hasta el día de hoy, nada en ti ha permanecido de la misma manera. Tu cuerpo, tus sentimientos y tus pensamientos han estado transformándose todo este tiempo. En este preciso instante tus células se están regenerando momento a momento. Allá afuera todo está cambiando también. Los árboles, las estrellas, las ciudades, los océanos, la economía y las estatuas. Nada permanece estático ni un solo segundo, ni siquiera tu tía que lleva toda la vida usando el mismo peinado.

Esto lo sabemos en teoría, pero a la hora de la práctica se nos olvida. Creemos que tenemos el poder de hacer que todo permanezca tal como nos gusta. Que la piel no se arrugue, que la cocina no se ensucie, que el dinero no se acabe, que nuestros perros no se mueran, que el despertador no nos recuerde que es hora de salir de la cama. Pero congelar el tiempo es imposible. «Reloj no marques la hora porque voy a enloquecer», le ruega Roberto Cantoral al tiempo en su famosa canción. Pero es una petición imposible de cumplir, porque queramos o no, la vida como la conocemos *se irá para siempre cuando amanezca otra vez*.

Pero no es el cambio lo que nos hace sufrir, sino nuestra resistencia a él. Si aprendemos a ver las cosas como fenómenos que surgen y cesan, lograremos disfrutar la vida sin apegarnos a que las cosas continúen siempre igual. La impermanencia puede llegar a ser una fuente de alegría. Gracias a que las cosas cambian tenemos la posibilidad de sanar nuestras heridas, aprender de nuestros errores, hacer nuevos amigos, modificar las leyes para que sean más justas y hasta de cambiar nuestro peinado (a menos que seas como tu tía).

Insatisfactoriedad: nada te hará feliz para siempre

Si nada es para siempre, entonces nada tiene la capacidad de satisfacernos de forma eterna y absoluta. Los logros que obtenemos, las cosas que compramos, las experiencias que vivimos y las personas que amamos, solo pueden brindarnos una satisfacción parcial y momentánea. Tarde o temprano, nuestros logros dejarán de parecernos relevantes, los productos que tenemos se desgastarán, las experiencias que vivimos se convertirán en recuerdos y las personas que amamos ya no serán las mismas.

Que todas las cosas sean insatisfactorias no es una razón para pensar que la vida no tiene sentido o que alcanzar la felicidad es imposible. Podemos disfrutar los placeres de la vida y crear una colección de bellos momentos, pero reconociendo que nada por si solo nos dará la felicidad que buscamos de forma definitiva. Ni el cuerpo perfecto, ni la pareja ideal, ni todo el dinero del mundo. Pues al final, todo eso está condenado a cesar.

Tal vez la vida consista en aprender a sentirnos satisfechos aquí y ahora, sin apegarnos a lo que ya fue y sin ansiar lo que será, pues al final de cuentas no hay una meta última a la cual llegar.

No-yo: nada contiene una esencia inmutable

Debido a que todo está en constante cambio, no hay nada que sea capaz de mantener una identidad estable y definitiva. Las cosas y las personas no tenemos una esencia particular que nos haga existir de cierta manera, sino que somos procesos transitorios e interdependientes. En palabras budistas: todo está vacío de un yo. En palabras un poco más accesibles: no somos tan sólidos, ni estamos tan separados como solemos pensar.

Me pondré a mí mismo como ejemplo. A pesar de tener un cuerpo, un nombre, un conjunto de características distintivas y una identificación oficial que me reconoce como individuo, es imposible encontrar algo en mí que posea una entidad inquebrantable. Ni mis átomos, ni mis órganos, ni mis sentimientos, ni mis pensamientos, ni mi personalidad, ni nada de lo que integra mi ser, contiene un elemento específico a lo que pueda llamar: «Yo». Además, no hay ni una sola cosa en mí que haya surgido de la nada. Todo lo que soy es gracias a la existencia de otras cosas, como los genes de mis padres, la luz del sol y los alimentos que consumo.

Las nubes, los poemas, las empresas y las emociones también funcionan de la misma manera. Nada contiene una esencia de yo. Todo está cambiando y todo surge por causas y condiciones.

¿Para qué nos sirve comprender esto? Solemos tomarnos la vida como algo personal y eso nos hace sufrir bastante. Pero si reconocemos que no tenemos un yo definitivo y separado del mundo que nos rodea, podemos fluir sin tanta rigidez y sin tanto egocentrismo. Por otro lado, al comprender que las personas y los objetos que nos rodean tampoco tienen una identidad única y perdurable, se vuelve más sencillo relacionarnos con ellos, pues aprendemos a verlos como realmente son y no como creemos que son. Dejamos ser y dejamos ir.

Aclarar la mirada, día con día

Saber intelectualmente que todo lo que existe es impermanente, insatisfactorio y vacío de un yo, es importante. Pero lo que realmente hace una diferencia en nuestra vida es aprender a ver la realidad de esta manera. Todos los días, momento a momento.

A partir de hoy te invito a reconocer y aceptar la transitoriedad de todo lo que te rodea. Cuando te mires en el espejo, obsérvate como un ser que va a envejecer y a morir. Cuando veas a tus seres queridos, percátate del hecho de que son impermanentes. Cuando te sientes a comer, contempla tus alimentos como fenómenos que tuvieron que transformarse para convertirse en comida. También puedes agradecer cada instante de tu vida con una sonrisa, sabiendo que muchas cosas tuvieron que ocurrir para llegar a este momento y que, tarde o temprano, también esto pasará.

Además, puedes practicar el arte de ver todas las cosas como insatisfactorias. No en un sentido pesimista, sino realista. Puedes disfrutar la reconfortante sensación de concluir con todas tus tareas del día, aceptando que mañana habrá una nueva lista de propósitos por cumplir. Puedes abrazar a tu ser amado y decirle que lo quieres mucho, sabiendo que no es tu única fuente de felicidad. O bien, la próxima vez que visites un centro comercial, puedes admirar todos los productos maravillosos que hay ahí, siendo consciente de que ninguno de ellos te dejará satisfecho por siempre. A lo mejor hasta te ahorras algunos gastos innecesarios.

Por último, cultiva la capacidad de ver todas las cosas como fenómenos vacíos de un yo. Intenta observar tus emociones y pensamientos como experiencias fluctuantes, sin identificarte demasiado con ellas. Reconócete como un ser cambiante sin una identidad preestablecida. Intenta contemplar todo lo que te rodea con la misma mirada: nada existe por sí solo, nada tiene una esencia inmutable, todo está interconectado. No te tomes la vida tan en serio.

Así, reconociendo y aceptando las tres marcas de la existencia, poco a poco irás ganando sabiduría y tu vida se sentirá mucho más liviana.

No es el cambio lo que nos hace sufrir, sino nuestra resistencia a él.

NADA ES...
PERMANENTE
PER-
FEC-
TO
PERSONAL
-RUTH KING

INTENCIÓN CORRECTA: ¿QUÉ PENSAMIENTOS MOTIVAN TUS ACCIONES?

Podemos pasarnos la vida entera sin detenernos a pensar en cuál es la intención detrás de las cosas que decimos y hacemos. En muchas ocasiones, sin darnos cuenta, hablamos y actuamos desde el miedo, el enojo, el autodesprecio, la vehemencia, la codicia o el deseo de aprobación externa. Al no ser conscientes de esto, terminamos por sentirnos afligidos e insatisfechos sin saber por qué.

Pero si hacemos una pausa y prestamos atención a los pensamientos que motivan nuestras palabras y acciones, nos conoceremos mejor a nosotros mismos y seremos capaces de ajustar nuestras decisiones para asegurarnos de que estas surjan de un lugar de claridad, confianza y bondad. Como consecuencia, nos sentiremos más tranquilos y felices.

Imagina, por ejemplo, una persona que decide ir al gimnasio a ejercitar su cuerpo presionada por el ansia de cambiar su figura con tal de encajar con los estándares de belleza establecidos.

Posiblemente esta persona logre sus objetivos, pero si continúa haciéndolo desde la autoexigencia y el deseo de validación, es probable que nunca llegue a sentirse realmente satisfecha. Por otro lado, si esa misma persona se ejercita desde el amor a su cuerpo, desde el deseo genuino de sentirse fuerte y saludable, la experiencia será completamente diferente.

El Buda dijo:

> La mente es la precursora de todos los estados. La mente es su fundamento y todos ellos son creados por la mente. Si uno habla o actúa con una mente impura, entonces el sufrimiento le sigue del mismo modo que la rueda sigue a la pezuña del buey [...]. Si uno habla o actúa con una mente pura, entonces la felicidad le sigue como una sombra que nunca le abandona.

La calidad de la mente es lo que determina nuestra forma de estar en la vida. Si nuestra mente está nublada por la avidez, el odio, el miedo al qué dirán o el apego a nuestros puntos de vista, todo lo que digamos y hagamos nos conducirá a un estado de aflicción y descontento. En cambio, si nuestra mente está serena, clara y dotada de bellas cualidades, nuestras palabras y acciones nos darán como resultado un estado de autoconfianza y paz interior que nos acompañará a donde sea que vayamos.

En esencia, se trata de vivir:

1. Sin apego (a puntos de vista, expectativas y deseos egocentristas).
2. Sin odio (en tu mente, en tus palabras y en tus acciones).
3. Sin lastimar a nadie (incluido tú mismo).

Puedes practicar de la siguiente forma:

Antes de hacer (o decir) algo:

1. Detente, respira y reflexiona.
2. ¿Tus intenciones vienen de un buen lugar?
3. ¿Lo que estás a punto de hacer te causará un daño a ti o a alguien más?
4. Si tus intenciones no vienen de un buen lugar y causarán daño, no lo hagas.
5. Si tus intenciones vienen de un buen lugar y no causarán daño, hazlo.

Mientras actúas (o hablas):

1. Respira y observa el efecto de lo que estás haciendo.
2. Si lo que estás haciendo no viene de un buen lugar y está causando daño, detente.
3. Si lo que estás haciendo viene de un buen lugar y no está causando daño, continúa.

Después de actuar (o hablar):

1. Reflexiona acerca del efecto de lo que hiciste.
2. Si tus acciones causaron daño, reconócelo y háblalo con quien consideres prudente hacerlo. Intenta aprender de la experiencia.
3. Si tus acciones te llevaron a un buen resultado, siéntete tranquilo y sonríe.

No esperes que el proceso sea perfecto. Probablemente los impulsos habituales te sigan dominando en ciertas situaciones. Pero cada instante es una oportunidad para volver a comenzar. Mientras más practiques, más natural se volverá. Poco a poco, al ser más consciente de tus intenciones, lograrás sufrir un poco menos. Y la felicidad te acompañará como una sombra que nunca te abandona.

EJERCICIO

1. Reflexiona y tómate un momento para contemplar las cosas que dices y haces en un día normal. ¿Qué acciones constituyen tu rutina diaria y qué es lo que te motiva a llevarlas a cabo? En serio, piénsalo, quizás descubras cosas interesantes.

---

2. Piensa en las decisiones que hayas tomado a lo largo de tu vida. Por ejemplo: la decisión de trabajar en lo que trabajas, la decisión de tener o no tener hijos, la decisión de estar o no estar con cierta persona. ¿Cuál fue la intención detrás de esas decisiones? ¿Qué pensamientos te impulsaron? ¿Han cambiado a lo largo del tiempo? ¿Qué impacto han tenido estas decisiones en tu vida?

---

3. Si estás a punto de tomar alguna decisión importante, ¡esta es tu oportunidad para investigar cuáles son los pensamientos que están influyendo en esta decisión! Respira, observa tu mente y descubre qué hay ahí.

¿PARA QUÉ Y DESDE DÓNDE?

UNA GUÍA PARA EVALUAR Y AJUSTAR TUS INTENCIONES

ESO QUE ESTÁS HACIENDO O QUIERES HACER... ¿QUÉ PROPÓSITO TIENE?

¿QUÉ PENSAMIENTOS, CREENCIAS Y EXPECTATIVAS TE MOTIVAN?

¿QUÉ EMOCIONES O SENTIMIENTOS TE LLEVAN A HACERLO O A QUERER HACERLO?

¿CÓMO TE HACEN SENTIR ESTOS PROPÓSITOS Y MOTIVACIONES?

¿TE GUSTARÍA AJUSTAR TU INTENCIÓN (EL PARA QUÉ) Y TUS MOTIVACIONES (EL DESDE DÓNDE)? ¡HAZLO!

INTENCIONES MEJORADAS:

MOTIVACIONES MEJORADAS:

DESPUÉS DE ESTE ANÁLISIS, ¿QUÉ DECISIONES TE GUSTARÍA TOMAR?

COMUNICACIÓN CORRECTA: ESCUCHAR Y HABLAR CON UN CORAZÓN SERENO

La base de nuestra vida son las relaciones, y la base de las relaciones es la comunicación. Si sabemos escuchar y hablar sabiamente, nuestros lazos serán más armoniosos y nuestra vida se sentirá más ligera.

Todo comienza entrenando nuestra capacidad de escuchar. Muchas veces, cuando los demás hablan, no escuchamos de verdad. Estamos distraídos en nuestros juicios y pensamientos. Escuchamos para opinar y no para comprender.

Pero podemos practicar una escucha más consciente a través de la respiración. Inhalando y exhalando, abrimos espacio en nuestro corazón para recibir amablemente las palabras del otro, con calma y curiosidad. Como diría Café Tacvba en su canción «Las flores»: «Yo te escucharé con todo el silencio del planeta. Y miraré tus ojos como si fueran los últimos de este país». Cuando escuchamos de esta manera, nuestras relaciones florecen.

Incluso en medio de conversaciones incómodas, escuchar profundamente puede hacer una gran diferencia. Si prestamos atención sin reaccionar impulsivamente (aun cuando la calidad de la escucha no sea recíproca), seremos capaces de comprender al otro, sobrellevar mejor la conversación o incluso darla por terminada (en lugar de engancharnos) si la situación lo amerita. Saber escuchar también implica escucharse a uno mismo.

Expresar nuestras ideas, sentimientos y necesidades también es muy importante. Construimos nuestra vida a partir de las palabras que decimos. En este sentido, el budismo ofrece una serie de recomendaciones básicas para que nuestra habla no nos cause sufrimiento y que, por el contrario, nos conduzca a un estado de mayor bienestar individual y colectivo. Estas recomendaciones son:

1. Abstenerse de un habla falsa.
2. Abstenerse de un habla maliciosa.
3. Abstenerse de un habla hiriente.
4. Abstenerse de un habla no provechosa.

Si estas fueran las reglas de los debates electorales, muy probablemente los candidatos se quedarían sin nada que decir. Pero seamos honestos, nosotros también decimos mentirillas, hablamos mal de los demás a sus espaldas, hacemos comentarios pasivo-agresivos y nos enredamos en parloteos sin sentido. Este tipo de comunicación suele dejarnos un sabor amargo en el corazón, ¿lo has notado? Veamos en qué consisten estas recomendaciones y cómo podemos practicarlas en nuestra vida diaria.

1. Abstenerse de un habla falsa

Si algo no es cierto, no lo digas. Evita exagerar las cosas. Procura hablar con veracidad y transparencia. Si crees saber algo, pero no te consta, exprésalo como una opinión, no como un hecho.

Aunque este consejo tiene fundamentos éticos que pretenden cuidar el bienestar de las personas, ponerlo en práctica no debe sentirse como una imposición. De hecho, puede ser una bella oportunidad para sentirnos más ligeros. Si alguien te invita a una reunión y tú no quieres ir, puedes decir la verdad. Si te sientes molesto por una situación, puedes decirlo sin pretender que todo está bien. Si no entendiste algo que te explicaron, puedes expresarlo con sinceridad. Cuando eres honesto contigo mismo y con los demás, todo es más simple.

Pero ojo. Esto no significa decir verdades a diestra y siniestra. Abstenerse de un habla falsa es una recomendación que debe ir en concordancia con las otras cuatro.

2. Abstenerse de un habla maliciosa

Si tus palabras tienen la intención de provocar discordia, mejor no las digas. No incurras en chismes, calumnias y difamaciones. Evita hablar mal de otros a sus espaldas. Si en las comunidades de las que formas parte se dan este tipo de conversaciones, intenta no participar. El corazón se mantiene en paz cuando nos alejamos de este tipo de dinámicas.

Por el contrario, puedes comprometerte a mantener diálogos que tengan como base un genuino deseo de bienestar para todos y la intención de crear unión y reconciliación entre las personas. Si en lugar de echarle más leña al fuego en los conflictos familiares, laborales o comunitarios, nos dedicamos a escuchar y hablar con sabiduría, la vida nos regalará relaciones más sanas y mucha tranquilidad interior.

3. Abstenerse de un habla hiriente

Si tus palabras buscan lastimar, más vale callar. Nada favorable se consigue con insultos y agresiones, ni siquiera con pedradas indirectas. Evita que el odio impulsivo mueva tu lengua. Intenta practicar la atención plena y la respiración consciente, de tal modo que al hablar puedas expresarte de forma respetuosa, amable y benevolente. Todo el tiempo y con todo el mundo.

Tus palabras pueden ser veneno destructivo o un hermoso regalo para los demás; trata de elegir la segunda opción. A través del habla puedes inspirar, sanar y hacer sentir escuchadas a las personas. Una sola frase, si está basada en la comprensión y el amor, tiene el poder de cambiarle el día (y quizás la vida) a alguien.

Esto no significa que tus discursos deban venir endulzados, ni que tengas que hablar con optimismo todo el tiempo. Simplemente esfuérzate por no causar sufrimiento y potenciar el bienestar.

4. Abstenerse de un habla no provechosa

Si lo que vas a decir no es útil, quizás sea mejor no hacerlo. Hablar por hablar, sin prestar atención al propósito de nuestras palabras es una forma de añadir ruido a nuestra vida y a la de los demás. No siempre es necesario llenar los silencios ni extendernos demasiado en nuestras explicaciones. Usar palabras claras y precisas puede ser una mejor opción.

Las charlas casuales y triviales son necesarias. Platicar de todo y nada en una reunión con amigos, es una forma muy divertida de aligerar las cargas de la vida. Se vale. Aunque quizás sea valioso revisar si excedernos en este tipo de conversaciones nos está alejando de entablar vínculos más profundos.

Hablar con intención, hablar con claridad, hablar con precisión, hablar sin parlotear, hablar sin acaparar las conversaciones y hablar de lo importante: eso es abstenerse de un habla no provechosa.

Formas de comunicación

¿Cómo sería aplicar estos consejos en todas las formas de comunicación?

Nuestro teléfono es un medio de comunicación que puede llegar a ser más recurrente que la palabra hablada. Cuando envíes un mensaje de texto, reflexiona si lo que vas a decir es cierto, bienintencionado, amable y con propósito. Lo mismo puedes hacer con lo que publicas y comentas en redes sociales. ¿Qué efecto puede tener en mí y en los demás esto que voy a compartir? Este simple cuestionamiento puede cambiarlo todo.

Piensa también en los diálogos que sostienes contigo mismo. Decir cosas como: «Siempre me pasa lo mismo» o «Soy el más tonto del mundo» son expresiones poco veraces y poco amables, ¿no te parece? Algo más apegado a la verdad sería: «Suelen pasar estas cosas cuando se dan estas circunstancias» o «Me equivoqué en esta ocasión, pero puedo hacerlo mejor a la próxima». Nuestros soliloquios también tienden a llenarse de divagaciones sin sentido que vale la pena soltar por nuestra propia calma mental. Abandonar el parloteo sin propósito es regalarnos un poco de silencio en medio de un mundo ruidoso. Lograrlo no es fácil, pero siempre podemos apoyarnos en la respiración.

Escuchar y hablar con un corazón sereno es algo que debemos practicar con todos los seres: bebés, niños, adolescentes, adultos y adultos mayores. Nadie merece ser dañado con mentiras o palabras hirientes. Incluso las plantas y los animales merecen de un habla amorosa. Cuidando nuestras palabras, cuidamos el mundo.

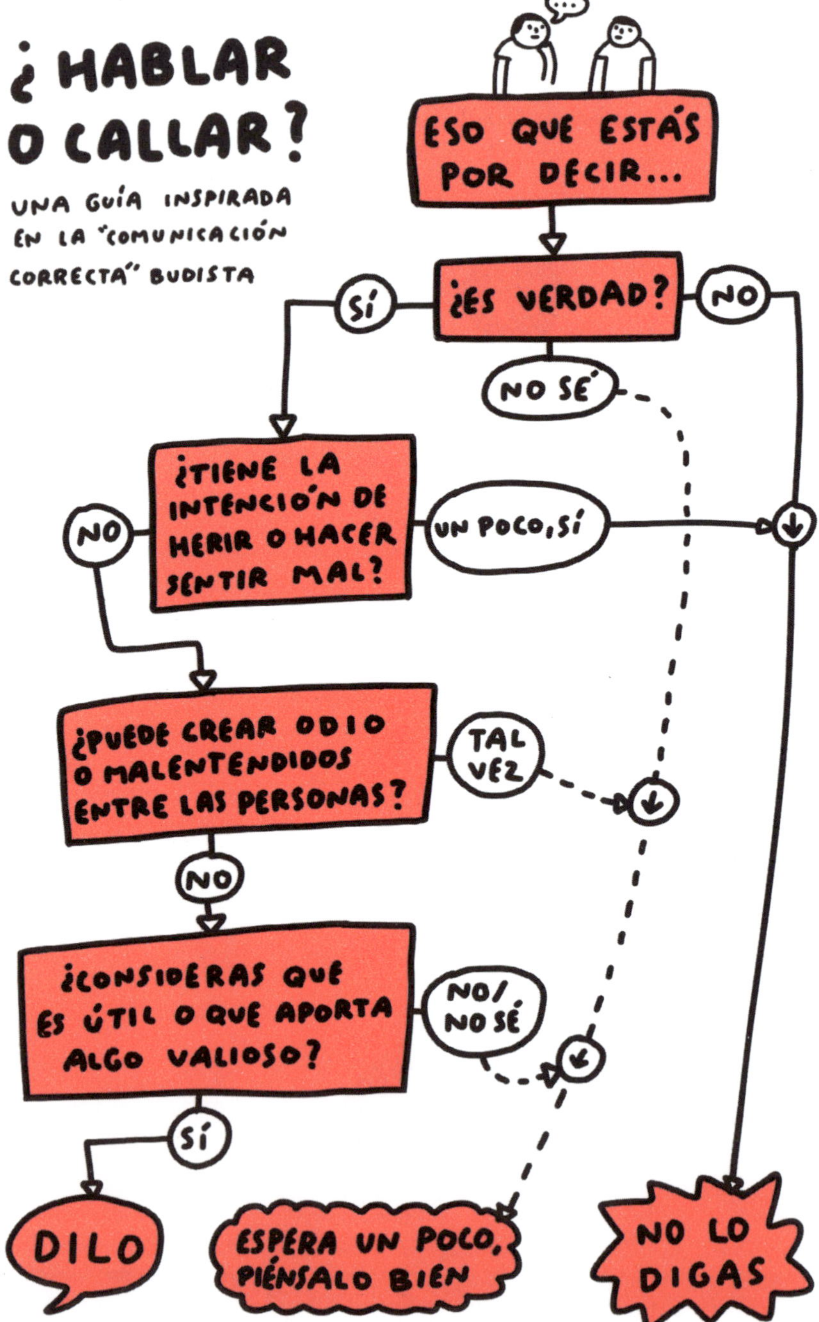
¿HABLAR O CALLAR?
UNA GUÍA INSPIRADA EN LA "COMUNICACIÓN CORRECTA" BUDISTA
ESO QUE ESTÁS POR DECIR...
¿ES VERDAD?
SÍ
NO
NO SÉ
¿TIENE LA INTENCIÓN DE HERIR O HACER SENTIR MAL?
NO
UN POCO, SÍ
¿PUEDE CREAR ODIO O MALENTENDIDOS ENTRE LAS PERSONAS?
TAL VEZ
NO
¿CONSIDERAS QUE ES ÚTIL O QUE APORTA ALGO VALIOSO?
NO/ NO SÉ
SÍ
DILO
ESPERA UN POCO, PIÉNSALO BIEN
NO LO DIGAS

HABLA PARA NUTRIR,

NO PARA HERIR.

ACCIÓN CORRECTA: UNA VIDA CON MENOS DRAMAS

Como buen mexicano, crecí en una casa donde se veían las telenovelas. Historias de amor y desamor, odio y venganza, herencias y secretos, infidelidades y delirios. Cada capítulo era un torbellino de intrigas. Hermanos que se agarran a golpes por poseer a la mujer que desean, hijas que se enteran de una verdad oculta por generaciones, dueños de haciendas que se involucran en crímenes para preservar su riqueza. Ningún personaje era capaz de permanecer en paz por más de veinticuatro horas. Un drama total.

Nuestra vida también puede convertirse en una telenovela cuando nuestras acciones están motivadas por el odio, la avidez y la falta de comprensión. ¿Alguna vez hiciste algo con mala voluntad, causándole daño a un ser querido? ¿Alguna vez te obsesionaste tanto con obtener algo que lo hiciste a costa del bienestar de los demás? ¿Alguna vez se te pasaron las copas y te metiste en situaciones que hasta el día de hoy te sigues arrepintiendo? Todos los seres humanos somos imperfectos y hacemos cosas imperfectas, pero eso no significa que no podamos aprender a construir una vida más pacífica, más ligera y con menos dramas.

El budismo nos invita a seguir cinco lineamientos éticos capaces de ayudarnos a llevar una vida más sencilla y a tener la conciencia más tranquila. Cinco prácticas de cuidado amoroso para nosotros mismos y para todos los seres que nos rodean. Si las llevamos a cabo, sufriremos muchísimo menos y contribuiremos a que los demás también sufran menos. Son las siguientes:

1. No hacer daño / Promover el bienestar.
2. No tomar lo que no te fue dado / Practicar la generosidad.
3. No tener una conducta sexual inapropiada / Practicar el amor verdadero.
4. No lastimar con tus palabras / Hablar con sabiduría.
5. No intoxicar la mente / Mantener una mente sana y lúcida.

Como te darás cuenta, cada uno de estos lineamientos puede abordarse en negativo (abstente de hacer esto) y también en positivo (procura hacer esto). De este modo, no solo nos limitamos a evitar conductas que nos lastimen a nosotros mismos y a los demás, sino que también nos motivamos a crear causas y condiciones que favorezcan una vida plena para todos los seres. En esencia, estas prácticas consisten en evitar conductas motivadas por el odio, la avidez y la falta de comprensión y en cultivar una vida basada en la bondad, la compasión, la gratitud y la sabiduría. Menos drama y más bienestar. Así de simple.

1. No hacer daño / Promover el bienestar

A veces, el enojo, la impaciencia y la impulsividad se apoderan de nuestra mente y terminamos haciendo cosas que lastiman. La violencia es una conducta de amplio espectro y debemos ser conscientes de ello para evitar acciones que produzcan sufrimiento. Gritar, azotar puertas, pellizcar, agredir con la mirada, empujar, golpear (o insinuar un golpe), maltratar y abusar son acciones que tienen un efecto más grande del que podemos imaginar.

Un escenario como el tráfico de la ciudad puede causar en nosotros una irritación capaz de convertirse en insultos y movimientos agresivos con el automóvil. Si no estamos atentos a esto y nos dejamos llevar, un simple y pasajero embotellamiento vial puede volverse una innecesaria fuente de estrés e incluso en una verdadera tragedia.

Debemos ser honestos con nosotros mismos para reconocer cuando estamos infligiendo daño directa o indirectamente. Solo así seremos capaces de modificar estas conductas en el momento presente. Necesitamos parar, respirar y soltar los aferramientos que nos motivan a actuar violentamente.

Dejarnos acariciar por la respiración para calmar el fuego que nos quema por dentro. De este modo estaremos cultivando paz en nosotros y en el mundo.

También podemos dedicarnos a promover el bienestar auténtico. Cuidar nuestro cuerpo y los cuerpos de otros. Cuidar nuestra mente y la mente de otros. Nutrir y preservar la vida con actos de bondad. En nuestro día a día podemos practicar la amabilidad y la paciencia con nuestra familia, amigos, vecinos, compañeros de trabajo e incluso con desconocidos en la calle. A veces, solo con sonreír podemos hacer una gran diferencia. Se siente bien en uno y tiene un bello efecto en los demás.

2. No tomar lo que no te fue dado / Practicar la generosidad

Robar, estafar, plagiar y adueñarnos de cosas que no nos pertenecen es algo que debemos evitar si queremos sufrir menos. Incluso acciones aparentemente inocentes como tomar prestado algo sin avisarle a la otra persona, puede meternos en enredos y malentendidos innecesarios.

Una vez, cuando era adolescente, un amigo olvidó en mi casa una camiseta que a mí me gustaba mucho. Como él iba a otra escuela, me tomé el atrevimiento de ponérmela para ir a la preparatoria. Me quedaba genial. Supuse que jamás se enteraría, pero por azares del destino, ese exacto día mi amigo llegó a mi escuela a saludar a otros compañeros y me vio con su camiseta puesta. No me dijo nada, solamente se rio con un dejo de indignación. Sentí una vergüenza terrible que me duró varios días. Incluso hoy, cuando lo recuerdo, sigo experimentando un leve grado de bochorno.

Este ejemplo nos demuestra que tomar lo que no nos fue dado, tarde o temprano nos causa algún tipo de aflicción. Es por eso que el Buda recomienda abstenerse hasta de la más sutil forma de robo.

Lo opuesto es la generosidad. Podemos debilitar la avidez y el egocentrismo animándonos a compartir nuestros recursos con los demás. No solo dinero o cosas materiales, sino también nuestro tiempo, conocimiento, apoyo y cariño. Dar se siente bien. Incluso mejor que recibir. ¿Cuándo fue la última vez que fuiste generoso con alguien?

3. No tener una conducta sexual inapropiada / Practicar el amor verdadero

Nuestro deseo sexual es una energía que debemos cuidar para que no nos lastime a nosotros mismos ni a los demás. El abuso genera un sufrimiento muy profundo que trasciende generaciones. Existen conductas sexuales que pueden destruir familias y comunidades. La avidez por los placeres sensuales también puede convertirse en una obsesión que nubla por completo nuestra calma y nuestra claridad. Debemos ser conscientes de esto y aprender a observar nuestros impulsos sin actuar de un modo que nos cause daño. Practicar una sexualidad responsable es liberador. No se trata de ser puritanos, se trata de sufrir menos.

En la contraparte tenemos el amor verdadero y la sencillez. ¿Hay algo más bello que tener conexiones auténticas, basadas en la ternura y la libertad? ¿Existe algo más mágico que el cuidado mutuo? ¿Hay satisfacción más grande que llevar una vida simple?

Dediquemos nuestra atención y nuestro esfuerzo a cultivar un amor profundo y una vida sin tanta avidez. Y mejor dejemos los enredos sexuales, las infidelidades y las obsesiones a los personajes de las telenovelas.

4. No lastimar con tus palabras / Hablar con sabiduría

Ya lo vimos unas páginas atrás, pero nunca está de más volverlo a decir: Nuestras palabras tienen un poder enorme y debemos ser muy cuidadosos con lo que decimos. Las mentiras, las exageraciones, los comentarios pasivo-agresivos, las críticas destructivas, las difamaciones, los chismes y las conversaciones maliciosas siempre terminan metiéndonos en un ciclo de drama y sufrimiento que no merece la pena. En cambio, todo es más sencillo y ligero si aprendemos a hablar con sabiduría. Esto significa mantener una comunicación basada en la escucha, la comprensión, la claridad mental y la benevolencia.

Piensa en la gran cantidad de malentendidos, enredos y conflictos que te podrías ahorrar si al momento de hablar o enviar un mensaje de texto te comprometes a hacerlo de forma veraz (sin mentir o exagerar), amable (sin malicia o afán de lastimar), armoniosa (sin difamar o hablar mal de nadie), clara (sin demasiado rollo) y oportuna (en el momento correcto).

Esta es una de las prácticas budistas que más ha contribuido a mi paz mental. El simple intento de mantener una comunicación honesta, bondadosa, asertiva y que promueva el bienestar común, me hace sentir libre y contento. No siempre es fácil. Respirar ayuda mucho.

5. No intoxicar la mente / Mantener una mente sana y lúcida

Todo lo que consumimos tiene un impacto en nuestra mente. Si consumimos productos contaminantes, entonces nuestra capacidad de estar más presentes y actuar con sabiduría se debilitarán. El alcohol, las drogas, la comida chatarra, el contenido violento, la pornografía, las conversaciones maliciosas y todas las toxinas que entran a través de los sentidos propician formas de pensar y de actuar que tarde o temprano terminan haciéndonos sufrir.

En muchas ocasiones, tomar una copa de más, me ha hecho decir y hacer cosas de las que luego me arrepiento bastante. Nada grave, pero sí me queda una especie de remordimiento de conciencia que no me sabe nada bien. ¿Te ha pasado? También he sido testigo de cómo el exceso de contenido audiovisual satura mi cabeza, haciéndome sentir ansioso y sin energía.

Debemos ser cuidadosos con todo lo que consumimos; evitemos ingerir tóxicos que alimenten el odio, la avidez y la falta de comprensión en nosotros. Y, por el contrario, procurar hábitos que nos mantengan frescos, lúcidos y con una mente sabia y compasiva. El silencio, la meditación, los buenos amigos, las caminatas en el parque, el ejercicio y las enseñanzas espirituales, nos nutren el corazón. Alimentémonos de eso.

Conciencia tranquila y vida feliz

No debemos ver estos cinco lineamientos éticos como reglas para la moralidad, sino como un mapa que nos muestra el camino hacia una vida con la conciencia tranquila. ¿Hay acaso algo más placentero y reconfortante que irse a dormir con una mente libre de remordimientos? Practicar la bondad, la generosidad, el amor verdadero, la sencillez, el habla sabia y el autocuidado nos ayudan a vivir sin tantos dramas telenovelescos. Y una vida sin dramas es una vida feliz.

Visto desde otro ángulo, también podríamos decir que estas prácticas de cuidado amoroso son el resultado natural de cultivar una mente clara y compasiva. La ética es una flor que nace de un corazón en paz consigo mismo.

EJERCICIO

Reflexiona y tómate un momento para contemplar cómo podrías incorporar estas prácticas de cuidado amoroso en tu vida diaria:

1. ¿En qué tipo de situaciones sueles actuar con agresividad? ¿Qué circunstancias crees que detonan esa agresividad en ti? ¿Qué cambios puedes hacer para que tus conductas resulten más armoniosas? ¿Qué acciones amables podrías llevar a cabo para promover el bienestar en las comunidades de las que formas parte?

2. ¿Hay algún tipo de escenario en el que hayas normalizado tomar bienes que no te fueron dados? ¿Cómo te hace sentir hacer eso? ¿Cómo crees que te sentirías si dejas de hacerlo? ¿Qué actos de generosidad te gustaría practicar en tu vida diaria? ¿Qué puedes compartir con el mundo?

3. ¿Consideras que llevas una vida sexual responsable, no solo contigo mismo, sino también con los demás? ¿Puedes identificar maneras en las que el deseo sexual nubla tu calma mental? ¿Qué cambios puedes hacer para cultivar una vida basada en el cuidado mutuo, el amor auténtico y la sencillez?

4. ¿Hay conversaciones en las que acostumbres a mentir, exagerar, hablar con mala voluntad o criticar a otros a sus espaldas? ¿Qué efecto consideras que este tipo de comunicación tiene en tu corazón? ¿Cómo crees que podrían mejorar tus relaciones

personales si te animas a comunicarte con más transparencia, benevolencia y claridad?

---

5. ¿Has notado cómo ciertas sustancias o contenidos alteran tu claridad mental y tu capacidad de estar presente? ¿En qué momentos recurres a ellos y qué emociones buscas apaciguar o evadir? ¿Cómo crees que cambiaría tu bienestar si cultivas una mente más lúcida y serena?

PAOLO VIVE TRANQUILO

EN GRAN MEDIDA PORQUE...

(SEAMOS COMO PAOLO)

¿Hay acaso algo más placentero y reconfortante que irse a dormir con una mente libre de remordimientos?

SUSTENTO DE VIDA CORRECTO: CÓMO SER FELIZ EN EL TRABAJO

Nuestro trabajo no solamente es un medio para generar ingresos, sino una parte integral de nuestra vida. A través de él creamos vínculos humanos, desarrollamos nuestras capacidades y le ofrecemos al mundo una parte de nosotros. Lo que hacemos para solventar nuestra existencia tiene un fuerte impacto en nuestro bienestar. Así como en el bienestar de todo lo que nos rodea.

En los tiempos del Buda, el comercio era una de las principales actividades económicas. En este contexto, el maestro recomendaba a sus discípulos laicos abstenerse específicamente de cinco tipos de actividades: el tráfico de humanos, el tráfico de animales para su matanza, la venta de armas, intoxicantes y venenos. En un sentido más amplio, significa no participar en ningún negocio que cause daño físico o psicológico a otros seres. Debemos ser conscientes del efecto que nuestro trabajo ocasiona en nuestro entorno. Y de ser posible, elegir uno que no cause sufrimiento y contribuya positivamente al entretejido del que somos parte.

Pero el panorama laboral es complejo en estos tiempos. Dedicarnos a algo que no lastime a otros no es suficiente si queremos llevar una vida tranquila. Incluso trabajando en algo que amamos y es bueno para el mundo, podemos sufrir mucho si no sabemos cuidar de nosotros mismos. Por eso, a continuación encontrarás nueve consejos inspirados en la sabiduría budista que pueden ayudarte a sufrir menos en tu trabajo. No importa si eres vendedor en una distribuidora de papel, asistente del gerente regional en una mediana empresa o dueño de una granja de betabeles.

1. **No eres tu trabajo.** Si tu identidad está excesivamente determinada por tu empleo, profesión, oficio o emprendimiento, las cosas que ocurran o no ocurran en ese ámbito te afectarán más de lo necesario. Aprende a no identificarte demasiado con esa parte de ti. Esfuérzate por hacerlo bien y concéntrate en ello cuando sea necesario, pero asegúrate de dejar espacio para cuidar y atender otras áreas de tu vida.
2. **Practica la autocompasión.** Cuando el trabajo se vuelva retador o las cosas no resulten como esperabas, tómate un momento para respirar y prestar atención a cómo te sientes, abraza gentilmente cualquier emoción que estés experimentando y pregúntate qué necesitas. Date permiso de pedir ayuda, poner

los límites necesarios y brindarte los cuidados pertinentes para proteger tu bienestar.

3. **Sé amable y empático.** El trabajo es un escenario ideal para practicar la bondad, la generosidad y la comunicación consciente. Procura que tus acciones y tus palabras aporten algo positivo a tus compañeros, clientes, proveedores, jefes y colaboradores. Aún con personas que no te agradan o en medio de un conflicto, siempre puedes mantener una actitud de comprensión y cuidado mutuo. Menos drama, más calma. Suena bien, ¿no?
4. **Conecta el cuerpo con la mente.** Si tu cuerpo está en una cosa y tu mente en otra, cometerás más errores y disfrutarás menos. El Buda dijo: «Cuando un monje está caminando, sabe que está caminando. Cuando está sentado, sabe que está sentado». Tú puedes practicar del mismo modo: cuando estés escribiendo un correo, sé consciente de que estás escribiendo un correo. Cuando estés en una reunión, sé consciente de que estás en una reunión. Cuando le des un sorbo a tu café, sé consciente de que le estás dando un sorbo a tu café.
5. **Concéntrate en una cosa a la vez.** Evita hacer dos cosas al mismo tiempo. Mejor elige una sola tarea y enfócate en ella por un periodo determinado. Puedes apoyarte en tu

respiración. Cada vez que sientas el impulso de brincar a otra actividad, inhala, exhala, regresa a la tarea elegida y entrégate a ella con total devoción. Tu mente se sentirá más tranquila de este modo.

6. **Deja espacio para la curiosidad.** Evita apegarte demasiado a tus puntos de vista y a tu manera de resolver las cosas. Date permiso de probar cosas diferentes. Escuchar otras opiniones. Acepta que tú no tienes la verdad absoluta. Esto no significa que no debas confiar en ti mismo y en lo que sabes hacer bien, simplemente se trata de mantener viva la curiosidad de un principiante. Quizás te lleves una grata sorpresa.
7. **Suelta la expectativa de perfección.** El proyecto perfecto no existe. El cliente perfecto no existe. El jefe perfecto no existe. El proceso perfecto no existe. El resultado perfecto no existe. Todo en esta vida tiene cierto grado de imperfección, y está bien. Aprende a vivir con eso. No significa que debas tolerar condiciones laborales de abuso o que no tengas ciertos estándares. Aspira a algo mejor, sin aferrarte a algo perfecto.
8. **Contempla todo lo que hace posible tu trabajo.** ¿Cuántas causas y condiciones se necesitan para que tú puedas dedicarte a lo que te dedicas? Si ves con profundidad, descubrirás que tu trabajo existe gracias a

una red infinita de elementos interconectados. Desde la persona que cuida a tus hijos (si son pequeños) o a tus padres (si son mayores) mientras tú vas a la oficina, hasta el agua que se necesita para hidratar tu cuerpo o fabricar los productos que vendes. Aprende a ver tu profesión con más gratitud y menos egocentrismo. ¡Serás más feliz!

9. **Recuerda que tu trabajo no es para siempre.** Un día ya no trabajarás en lo que trabajas. Tal vez cambies de intereses o valores. Tal vez te despidan. Tal vez tu proyecto fracase. Tal vez te jubiles. Tal vez una enfermedad te impida seguir haciendo lo que haces. Tal vez el mundo cambie drásticamente de un día para otro. Esto no debe hacerte sentir miedo, sino aceptación y ligereza. Aprecia cada instante en el momento presente y aprende a dejar ir, sin aferrarte.

Seguir estos consejos no siempre es fácil. El contexto económico y político en el que vivimos hace que las condiciones laborales difícilmente favorezcan el bienestar de las personas y del medio ambiente. Estamos saturados y cansados. Y aunque hay muchas cosas que necesitan cambiar, siempre podemos empezar por nosotros mismos. Una respiración a la vez, una acción a la vez. Con sabiduría, compasión y atención consciente, lograremos entablar una mejor relación con nuestro trabajo y ofrecerle algo bello al mundo a través de nuestros dones.

ESFUERZO CORRECTO: CUIDANDO EL JARDÍN DE LA MENTE

Siempre estamos esforzándonos en algo. Nos esforzamos para llegar de un lugar a otro, para completar una tarea, para resolver algún problema o para alcanzar nuestras metas. En general, mantenernos con vida requiere de un esfuerzo. Es por eso que la práctica budista nos invita a prestar atención a dos cosas:

1. ¿En qué nos estamos esforzando?
2. ¿Con qué intensidad lo estamos haciendo?

Esfuérzate en cuidar tu mente

Nuestra mente nos acompaña a todos lados. Si nuestra mente está en llamas, todo se sentirá como un incendio. Si nuestra mente está fresca, todo lo que hagamos se sentirá como un bálsamo. Por lo tanto, esforzarnos en mantener una mente sabia y serena debería ser nuestra prioridad.

El Buda habló de cuatro esfuerzos a cultivar en nuestra vida cotidiana. Para practicar estos esfuerzos, primero es necesario comprender que todas las personas, sin importar cuál sea nuestra personalidad o nuestra historia, albergamos cualidades mentales positivas (como la paciencia o la sabiduría) y negativas (como la ira o el egocentrismo). Tanto la persona más cruel y despiadada del mundo, como el ser más noble y altruista del planeta, tienen cualidades positivas y negativas en su mente. La diferencia radica en cuáles de estas cualidades están despiertas y cuáles, dormidas.

Thich Nhat Hanh lo explica de forma muy ilustrativa. Imagina que tu mente es tierra fértil que contiene todo tipo de semillas: semillas sanas y semillas malsanas. Algunas de estas semillas han florecido y otras se han mantenido latentes debajo de la superficie. La educación que has recibido, el contexto en el que has crecido y las experiencias que has vivido, han influido en cuáles semillas se han desarrollado y cuáles no. Si eres una persona impaciente, es porque las semillas de la impaciencia se han regado en ti. Si eres una persona paciente es porque las semillas de la paciencia se han regado en ti. Pero al igual que la tierra fértil, la mente tiene el potencial de cambiar. Todo depende de cuáles semillas decidas regar y cuáles no.

Tomando esto en cuenta, los cuatro esfuerzos que el budismo nos invita a practicar son:

1. **Evitar** que germinen las semillas malsanas que haya en nosotros.

2. **Erradicar** las semillas malsanas que hayan germinado en nosotros.
3. **Regar** las semillas sanas que haya en nosotros para que germinen y florezcan.
4. **Cuidar** las semillas sanas que hayan florecido en nosotros para que sigan vivas.

Todo lo que haces en tu vida cotidiana puede estar impregnado de estos esfuerzos. Pasear con tu perro es una gran oportunidad para regar las semillas de la atención consciente, basta con que te permitas estar realmente presente durante el paseo. Usar las redes sociales puede ser un excelente medio para regar las semillas de la amistad, siempre y cuando las uses para entablar diálogos y conexiones genuinas. Discutir un problema con tu pareja puede ser una manera maravillosa de regar las semillas de la compasión, lo único que necesitas hacer es escuchar y hablar con un corazón sereno.

Como buen jardinero, debemos examinar constantemente nuestro jardín, arrancar la maleza cuidadosamente y ponerle abono a las plantas que queremos que den frutos. Estos son algunos consejos que puedes tomar en cuenta:

1. **¿Cómo evitar que germinen las semillas malsanas?**
   Para mantener tu mente libre de ruido, ira, codicia y otros rasgos negativos:

- Abstente de consumir contenido que te genere odio o avidez.
- Procura alejarte de entornos nocivos.
- Trata de no participar en actividades que fomenten la violencia.
- Intenta llevar una vida simple.

2. **¿Cómo erradicar las semillas malsanas?**
Para reducir, poco a poco, los rasgos mentales que te hacen sufrir:
   - Reconócelos amablemente y deja de alimentarlos.
   - Practica el arte de hacer una pausa antes de actuar.
   - Reemplaza pensamientos de odio y avidez por pensamientos de bondad y gratitud.
   - Apóyate de tus seres queridos, pídeles que te ayuden a cambiar.

3. **¿Cómo regar las semillas sanas?**
Para promover el crecimiento de cualidades positivas como la generosidad, la alegría o la paciencia:
   - Cuando sientas el deseo de hacer o decir algo amable, hazlo sin pensarlo tanto.
   - Rodéate de amistades que te ayuden a ser tu mejor versión.
   - Alimenta tu mente con lecturas y experiencias que te inspiren.
   - Atrévete a salir de tu zona de confort.

4. **¿Cómo cuidar las semillas sanas que ya florecieron?**
Para mantener vivas las cualidades positivas que ya despertaron en ti:
   - Haz más de lo que te hace bien.
   - Cuando detectes rasgos positivos en ti, celébralos con una sonrisa.
   - Comparte tus dones con el mundo.
   - Disfruta el resultado de tu práctica.

Practicar estos esfuerzos no debe convertirse en una tarea pesada, sino que debe fluir de forma natural. Procura mantener el entusiasmo vivo, pero sin desgastarte.

Ni muy tenso, ni muy flojo

El Buda utilizó la cuerda de una guitarra para ilustrar cómo debe ser la intensidad de nuestro esfuerzo. Si la tensas en exceso, la cuerda se romperá. Pero si la dejas demasiado floja no producirá ningún sonido. Es únicamente a través de una sabia afinación que la cuerda será capaz de vibrar con un tono hermoso. Del mismo modo, debemos ser cuidadosos con nuestro esfuerzo. Si estamos tensando demasiado la cuerda, quizás valga la pena respirar y relajarnos un poco. Si la estamos dejando muy floja, tal vez convenga llenarnos de energía y motivación para seguir adelante.

ESFUERZO CORRECTO

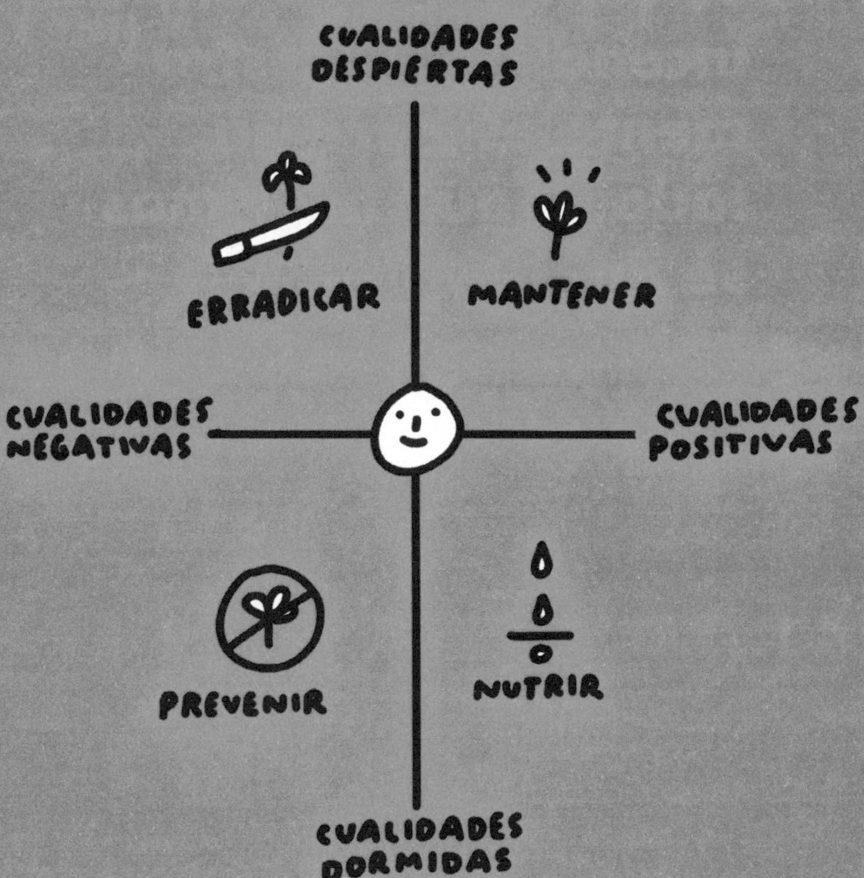

Si nuestra mente está en llamas, todo se sentirá como un incendio. Si nuestra mente está fresca, todo lo que hagamos se sentirá como un bálsamo.

ATENCIÓN CORRECTA: ESTAR CON LA VIDA TAL COMO ES

Solemos conducirnos por la vida en piloto automático, víctimas de nuestros hábitos mentales arraigados y nuestros impulsos primarios. Reaccionamos, casi siempre, de la misma manera ante las mismas cosas.

1. Cuando experimentamos algo que se siente desagradable, lo rechazamos inmediatamente, tratando de controlarlo, evitarlo o eliminarlo lo más pronto posible.
2. Cuando experimentamos algo que se siente agradable, nos apegamos a esa sensación y buscamos la forma de alargar su duración o incluso incrementarla.
3. Cuando experimentamos algo que no es ni agradable ni desagradable (neutral), no prestamos ningún tipo de atención y todo pasa desapercibido.

Además, también suele ocurrir esto:

1. Cuando nos anticipamos mentalmente a algo que podría sentirse desagradable, nos preocupamos, sentimos miedo y nos ponemos ansiosos.
2. Cuando nos anticipamos mentalmente a algo que podría sentirse agradable, nos desesperamos por obtenerlo, lo perseguimos, nos obsesionamos.
3. Ante lo neutral no solemos anticiparnos mucho.

No hay nada inherentemente negativo en estas tendencias. De hecho, podríamos argumentar que se trata de un comportamiento basado en nuestro instinto primitivo de supervivencia. Estamos evolutivamente diseñados para escapar o pelear con lo que pone en riesgo nuestra vida (lo desagradable), perseguir o apegarnos a aquello que nos da bienestar (lo agradable) e ignorar aquello que no es ni una amenaza ni una necesidad vital (lo neutral). El problema es que nuestra mente primitiva no es muy hábil para distinguir una amenaza real de una amenaza falsa, o una verdadera necesidad de un antojo efímero. Pues está diseñada para ayudarnos a sobrevivir, no para ser felices.

«El tráfico de la ciudad es la versión moderna de las estampidas de carácter animal», dice la canción «Fotografía» de Jumbo. La frase captura de forma muy ilustrativa el automatismo que rige nuestro comportamiento colectivo. Es precisamente cuando vivimos desde este «carácter animal» —que a su vez es muy humano, muy tierno y muy comprensible— que le añadimos sufrimiento extra a la vida. Sufrimos cuando reaccionamos con apego compulsivo ante lo que nos gusta, rechazo voraz ante lo que no nos gusta, e indiferencia sedante ante lo que es neutral.

Una forma distinta de relacionarnos con la vida

¿Cómo podemos enfrentar las situaciones sin reaccionar con base en nuestros impulsos automáticos? ¿Cómo podemos crear espacio dentro de nosotros mismos para tomar decisiones más conscientes? ¿Cómo podemos estar presentes en el aquí y en el ahora, sin querer escapar o estar en otro lado? ¿Cómo podemos ver con mayor claridad?

A través de la atención correcta (o *mindfulness*), una práctica que consiste en:

> Prestar atención...
> a la experiencia del momento presente,
> con curiosidad, amabilidad y apertura.
> Sin rechazar nada ni perseguir nada.

Atención correcta significa darse cuenta de lo que está ocurriendo dentro y fuera de nosotros, con una actitud que no juzga, ni critica, ni reacciona. Es convertirnos en un observador amable de nuestra propia experiencia.

A través de la respiración y la pausa consciente, podemos percatarnos de las sensaciones que hay en nuestro cuerpo, de nuestras emociones, de nuestros pensamientos y de la realidad que nos rodea, momento a momento. Sin tratar de cambiar o manipular nada o, al menos, no de manera impulsiva.

Basta explorar un poco este concepto para descubrir que la atención correcta propone una relación con la vida completamente distinta —por no decir opuesta— a la que surge del piloto automático. Es precisamente a través del cultivo de este tipo de atención que se vuelve posible:

- Navegar y transformar las experiencias incómodas sin rechazarlas, sin evadirlas y sin dejarnos dominar por ellas.
- Disfrutar las experiencias agradables de la vida sin obsesionarnos y sin aferrarnos.
- Observar nuestro sufrimiento añadido sin juzgarnos, siendo más amables con nosotros mismos.
- Notar nuestras expectativas y dejarlas ir, abriéndonos con curiosidad al momento presente tal como es.
- Generar respuestas más sabias en sintonía con una correcta visión, intención, habla y acción.

La atención correcta en una situación cotidiana

Imagina que vas en medio del tráfico de la ciudad moderna y un coche se te atraviesa bruscamente sin marcar direccional. Una reacción de carácter animal sería gritar alguna maldición y hacer sonar el claxon violentamente. Pero también puedes practicar la atención correcta:

1. Toma consciencia de tu respiración y tu cuerpo. ¿Puedes percibir el aire entrando y saliendo? ¿Sientes el contacto de tus manos con el volante?
2. Lleva tu curiosidad a la tonalidad de las sensaciones que surgen ante lo que acaba de ocurrir y explora si son agradables, desagradables o neutras. ¿Puedes dejarlas estar sin necesidad de hacer algo con ellas?
3. Contempla tu estado mental y emocional como si fueras el espectador de una película. Date cuenta de las historias que surgen en tu cabeza, pero sin creer todo lo que te dicen. ¿Qué pasa si no te identificas con esos pensamientos o emociones? Intenta ser paciente contigo mismo.
4. Observa cómo va cambiando la experiencia momento a momento. Explora si prestar atención de esta manera te hace sentir con más calma. ¿Qué posibilidades surgen? ¿Qué

puedes dejar ir? ¿Cómo puedes actuar de una manera sabia ante esta situación?

No es necesario seguir esta secuencia. En un escenario como el de este ejemplo no hay tiempo para procedimientos tan complejos. Basta con que lleves tu atención a lo que te resulte más natural. Respira, observa y suelta.

Fortaleciendo el músculo de la atención

No necesitas esperar a que un coche se te atraviese para practicar la atención correcta. De hecho, es mejor hacerlo en un terreno más ameno y estable. Ese terreno puede ser el sillón de tu sala. A través de un ejercicio simple de meditación, poco a poco puedes ir desarrollando tu capacidad de prestar atención a la experiencia del momento presente sin rechazar nada y sin perseguir nada.

1. Siéntate en silencio en una postura cómoda. Si gustas, cierra tus ojos.
2. Respira y lleva tu atención al cuerpo. Date cuenta de que tienes un cuerpo. Toma conciencia del contacto de tu trasero con el asiento, de la temperatura en tu piel y del aire rozando tus fosas nasales.
3. Vuélvete un poco más sensible a los sentidos. ¿Qué puedes escuchar? ¿Qué sabores

percibes? ¿Qué ves? (Abre tus ojos un momento para echar un vistazo a tu alrededor) ¿Hay algún aroma que alcances a notar? ¿Qué sensaciones puedes notar a través del tacto?

4. Ahora presta atención a tus estados mentales y emocionales. Como si fueras el espectador de una película. ¿Cómo se siente tu mente en este momento? ¿Qué tipo de pensamientos circulan por tu cabeza? ¿Hay alguna emoción presente? ¿O varias al mismo tiempo? Investiga con curiosidad.
5. Quédate un momento observando la experiencia sin rechazar nada y sin perseguir nada. Distingue si hay sensaciones agradables, desagradables o neutras, pero sin tratar de manipularlas. Deja que estén ahí, sin necesidad de hacer algo con ellas.
6. Después de un par de minutos de prestar atención de esta manera puedes terminar con el ejercicio. Pero antes de seguir con tu vida, tómate un instante para revisar si la meditación tuvo un efecto en ti. Date cuenta si algo cambió, o no.

El objetivo de esta práctica no es otro más que ayudarte a ser más consciente de la experiencia del momento presente con una actitud de apertura. Es aprender a ver las cosas con mayor amplitud. Sin reaccionar y sin juzgar. Cinco o diez minutos de esta práctica al día serán de gran ayuda para que, a la hora del tráfico, sea más fácil respirar y dejar ir.

ATENCIÓN CORRECTA

Sufrimos cuando reaccionamos con apego compulsivo ante lo que nos gusta, rechazo voraz ante lo que no nos gusta, e indiferencia sedante ante lo que es neutral.

RESPIRA
Y OBSERVA

CONCENTRACIÓN CORRECTA: EL PLACER DE UNA MENTE ENFOCADA

Imagina que te sientas en tu sofá a leer una novela. Al cabo de media página, recuerdas algo que salió mal en el trabajo y eso detona en ti unas ganas tremendas de irte de vacaciones. Dejas el libro de lado y coges el celular para investigar cuánto cuesta un vuelo a Japón. Al abrir tu teléfono te encuentras con una notificación de redes sociales. Una cosa lleva a la otra y ya has pasado diez minutos viendo contenido. Sacudes la cabeza y retomas la novela. Escaneas las palabras con tus ojos, pero no prestas atención. Tu mente está como perdida. Luego de dos páginas descubres que no has comprendido nada. Recuerdas que no buscaste los vuelos a Japón y vuelves a tomar el celular en tus manos. Lo que prometía ser una rica tarde de lectura, terminó por convertirse en una hora de estrés y dispersión.

Ahora imagina un escenario más simple. Esta vez te sientas a leer y te concentras solamente en eso. Te sumerges en la lectura y te relajas, disfrutando cada palabra sin urgencia. No hay deseo de hacer otra cosa. Tu celular está lejos. De pronto te dan ganas de ir a verlo, pero no le haces mucho caso a ese impulso y regresas a la lectura. La mente se siente serena, viva y llena de gozo. Después de una hora (que se pasó volando), cierras el libro y sonríes. Este es un bello momento.

Cuando somos capaces de concentrarnos en una sola cosa, sin ansia de perseguir algo, sin ansia de deshacernos de algo, sin inquietud, sin pereza y sin ningún tipo de duda, nuestra mente se unifica y entra en un estado de gozo y fluidez. Seguramente has tenido muchas experiencias de este tipo. Haciendo ejercicio, bailando, dibujando, limpiando tu casa, tocando algún instrumento musical o jugando con tu mascota. Nada te distrae, todo es absorción. La mente se siente despierta y feliz.

A través de la concentración podemos alcanzar estados de gozo, estabilidad, calma y sabiduría. Es por eso que la práctica budista nos invita a hacer un esfuerzo por llevar una vida con más enfoque y menos dispersión. No es una tarea fácil en un mundo lleno de estímulos y distracciones, pero podemos empezar creando pequeños rituales de concentración que nos ayuden a cultivar estos estados.

1. Elige una actividad en la que quieras enfocarte sin distracciones. De preferencia algo corporal, ameno y que no implique pensar demasiado. Hacer jardinería, barrer el piso, organizar tus cajones, caminar por el parque.
2. Establece un tiempo específico para dedicarte exclusivamente a esa actividad.

Despeja cualquier distracción. Deja tu celular fuera de tu vista. Si puedes, apágalo.

3. Dedícate a la actividad elegida con total devoción. Lleva tu atención a tus sentidos. Toma conciencia de tu cuerpo y de cada movimiento. No te esfuerces tanto. Sonríe.
4. Cuando sientas un impulso de hacer otra cosa o te descubras a ti mismo envuelto en algún discurso mental, solo date cuenta y abandona ese impulso o pensamiento. Respira y regresa enteramente a tu actividad. Si puedes, hazla un poquito más despacio.
5. Deja que la misma concentración te ayude a disipar cualquier ansia, sopor o ruido mental. Fúndete con la actividad. Disfruta. ¡Este es tu momento!
6. Tómate un tiempo para revisar cómo te sientes después del ejercicio. ¿Percibes algún cambio en tu humor? ¿Notas alguna diferencia en tu estado mental? ¿Qué aprendizajes te deja este experimento? Reflexiona sin juicios ni expectativas

La meditación

Otra manera de ejercitar nuestra concentración es practicando la meditación. De este modo entrenamos nuestra mente para que se vuelva cada vez más hábil en mantenerse quieta, atendiendo una sola cosa a la vez. La técnica es sencilla y es muy similar a barrer el suelo con entrega total. La única diferencia es que la meditación se realiza en reposo físico y el enfoque va dirigido a la respiración.

¿Te aventuras a hacerlo?

1. Siéntate silenciosamente en una postura cómoda y estable al mismo tiempo. Ni muy tensa, ni muy floja. Descansa en tu cuerpo.
2. Toma consciencia de la sensación física de inhalar y exhalar. Permite que tu atención repose en el vaivén de la respiración. Respira a un ritmo natural. No te esfuerces demasiado.
3. Te vas a distraer. Mucho. Está bien. Cuando esto ocurra, simplemente dirige nuevamente tu atención a la respiración. Enfócate en ella, aunque sea por medio segundo. Sin ansia, sin prisa. Solo respira. Sé amable contigo mismo.
4. Regresa a la respiración las veces que sean necesarias. Como si fuese un juego de destreza donde nadie gana ni pierde. Quédate así unos minutos y descubre qué pasa.

Mientras más veces hagas este ejercicio, más sencillo te resultará volver a la respiración y lograrás mantenerte enfocado en ella por más tiempo. También te será más natural enfocarte en otras actividades. Poco a poco notarás cambios en tu vida.

Los cuatro estados de absorción

La enseñanza de la concentración correcta nos invita a descubrir distintos estados de absorción meditativa que surgen cuando enfocamos nuestra atención en una sola acción, sin alimentar nuestros pensamientos discursivos y sin darle vuelo a nuestros impulsos. Ya sea realizando una actividad con devoción o meditando.

El primer estado es el gozo. Cuando nuestra mente está invadida por el ansia, la irritación, la inquietud, el desinterés o la confusión, nos sentimos infelices e insatisfechos. Como cuando intentamos leer una novela, pero nos distraemos en otras cosas. En este caso, lo que podemos hacer es notar y abandonar las reacciones motivadas por estos estados mentales. En el ejemplo de la lectura interrumpida, se observa el deseo de viajar a Japón, pero sin pasar a la acción de buscar vuelos de avión. De este modo, poco a poco la mente se va aquietando y una sutil alegría empieza a manifestarse. Es una sensación de placer similar a la de sentarse después de haber estado mucho tiempo de pie.

El segundo estado es la tranquilidad. Si nos damos permiso de sumergirnos un poco más en la concentración y dejamos de analizar tanto las cosas, surge un estado de fluidez y paz sin esfuerzo. En el escenario hipotético de estar leyendo una novela, esto se da cuando descansamos en las palabras del autor, sin entrometernos con ellas mentalmente. Nos relajamos y nos dejamos llevar.

El tercer estado es la ecuanimidad. Una vez que soltamos las distracciones y los pensamientos, la mente se estabiliza fundiéndose con el momento presente. No hay nada que perseguir, ni nada qué rechazar. Cada instante es lo único que importa. Cada instante es perfecto tal como es. Algo así como subirse a una balsa y dejarse arrastrar tranquilamente por la suave corriente de un río.

El cuarto estado es la unificación. La balsa y el río «desaparecen», solo hay movimiento.

Estos estados están disponibles para nosotros todo el tiempo. Es cuestión de darnos permiso de acceder a ellos. Cuando estamos cocinando, comiendo, caminando, o trabajando en algún proyecto. Sentarnos a meditar un rato cada día también es una gran idea. La clave está en incluir cada vez más momentos de concentración en nuestra rutina, evitando caer en tanta dispersión.

Concéntrate en el camino

La concentración correcta también es una invitación a integrar todas las piezas de *El noble sendero óctuple*. Si a lo largo de tu vida te enfocas en ver las cosas como son, afinar tus intenciones, escuchar y hablar con un corazón sereno, actuar con cuidado amoroso, trabajar amablemente, cuidar el jardín de tu mente y prestar atención al momento presente, poco a poco experimentarás más gozo, tranquilidad, ecuanimidad y unificación. Te fundirás con el río de la vida.

LA MENTE
SE CALMA
CUANDO HACES
UNA COSA A LA
VEZ

DAR EL PRIMER PASO

Probablemente estés pensando: «¡Esto es demasiada información! ¡Son muchas cosas las que hay que hacer! ¿Por dónde empiezo?».

Calma. El camino no está hecho para abrumarte, sino para liberarte. No necesitas hacerlo todo al mismo tiempo. Puedes dar un paso, y luego otro.

Una de las maravillas del budismo es que todo está conectado. Practicar una sola parte del camino impacta inevitablemente a las demás. Por ejemplo, si cultivas una forma más consciente y compasiva de hablar, estarás fortaleciendo tu atención, tu intención y tu esfuerzo, aunque no te des cuenta. Todo se entrelaza.

Yo empecé por lo más simple: sentarme en silencio. No sabía mucho de budismo. Solo me quedaba quieto, respiraba y prestaba atención consciente a lo que ocurría dentro de mí. Ese pequeño, pequeño acto fue suficiente para comenzar a cambiar mi forma de ver y de vivir.

Con el tiempo, comprendí que es útil conocer e integrar el mapa completo. Pero no es necesario entenderlo todo antes de empezar.

Te invito a que inicies por donde tu corazón te lo pida. Tal vez tu primer paso sea la autocompasión, o la escucha profunda, o la acción correcta. No importa. Cada parte del camino te lleva eventualmente al mismo lugar: una vida con menos sufrimiento.

¿Por dónde quieres comenzar tu aventura?

CAPÍTULO 6

NOS VEMOS EN EL CAMINO

LA PRECIOSA VIDA HUMANA

Si el planeta entero fuera un inmenso mar, donde un aro flotante se mueve a la deriva de aquí para allá, ¿qué probabilidades hay de que una tortuga ciega que cada cien años emerge a la superficie inserte su cabeza dentro del aro?

Las probabilidades son bajísimas, ¿cierto?

Pues según El Buda, nacer en este mundo, vivos, sanos y dispuestos a transitar un camino espiritual es tan inusual como que una tortuga ciega que emerge a la superficie cada cien años inserte su cabeza en un aro flotando a la deriva en un inmenso mar.

Tú y yo somos un milagro, un misterio, un sorprendente golpe en el azar.

Tenemos una preciosa vida humana. Con ojos para ver, oídos para escuchar, brazos para abrazar y corazón para sentir. Tenemos, además, todas las condiciones necesarias para desarrollarnos mental y espiritualmente. No todo el mundo tiene esa dicha. Pudimos haber nacido en otros tiempos, en otra forma, en otras circunstancias. Pero nos tocó esto. Somos muy afortunados.

Estar aquí no siempre es fácil y, a veces, haber nacido se siente más como una condena que como un regalo, pero apreciar todas las condiciones que tenemos a nuestro favor puede ser fuerte razón para recargarnos de la motivación y el compromiso necesarios para seguir practicando el camino que conduce a una vida con más paz y menos sufrimiento.

Si en algún momento te llegas a sentir perdido y sin propósito, toma en cuenta que tu existencia es tan extraordinaria como una tortuga ciega insertando su cabeza en un aro que flota en el océano. Algo salió bien, algo te trajo hasta acá. Respira, sonríe y vuelve a la senda que sabes que te hace bien.

TIENES
UNA PRECIOSA
VIDA HUMANA.
¡APROVÉCHALA!

TODO LO QUE NO ALCANCÉ A DECIR (Y UN HASTA LUEGO)

Dicen que una obra de arte no se termina, sino que se abandona. Y eso es lo que tengo que hacer con este libro para poder concluirlo. Aún hay muchos temas que me gustaría incluir, muchos matices que me encantaría explorar y muchas ideas que desearía perfeccionar. Pero es momento de soltar.

Abandono este libro sabiendo que tiene huecos y defectos. Abandono este libro aceptando que, cuando lo lea en el futuro, me encontraré con puntos de vista con los que ya no estaré de acuerdo. Abandono este libro siendo consciente de que no cumplirá con las expectativas de todo el mundo.

Pero, sobre todo, abandono este libro con la ilusión de que le haga bien a cualquier persona que se haya animado a leerlo. Estoy seguro de que así será, pues esa fue la intención que me motivó a escribir cada una de estas palabras.

Gracias, querido lector, precioso ser humano, amado compañero de El club de los corazones que sufren. Gracias por elegir este libro, por regalarle tu curiosidad, por hacerlo parte de tu vida, por llevarlo a la práctica.

En verdad espero que te ayude a sufrir menos. Ojalá que, en medio de un momento caótico, una frase, un dibujo, una palabra, despierten en ti la inspiración necesaria para enfrentar la vida con sabiduría, compasión y presencia.

Y aunque cada quien camina su propia ruta a su propio ritmo, me gusta imaginar que un día nos encontraremos en el camino. Quizás no de forma física o evidente, pero sí de forma espiritual. Vamos juntos en esto. Te acompaño y me acompañas. No estamos solos.

Dicho esto, me despido no con un adiós, sino con un hasta luego. Si me ves en el camino, me saludas. Será un honor saludarte de vuelta.

AGRADECIMIENTOS ESPECIALES

Siempre me conmueve mucho expresar los agradecimientos en mis libros. Primero, porque es lo último que escribo y representa la culminación de mi proyecto. Y segundo, porque implica voltear a mi alrededor para tomar consciencia de todas las personas que me han acompañado en el proceso. Soy muy afortunado.

Primero, como siempre, agradezco a Laiza, mi esposa y compañera de vida. Gracias por aguantar todas mis conversaciones no solicitadas sobre budismo, incluso en los momentos más inoportunos. Gracias por leer mi manuscrito, por darme tus consejos y apoyarme emocionalmente en esta —a veces turbulenta— travesía de escribir un libro.

A Lalo y Amalia por ayudarme a embellecer y perfeccionar esta entrega. Gracias por hacer su trabajo con tanto cariño. Gracias por hacerme sentir cómodo y acompañado en la realización de este proyecto. Gracias también a todas las mentes y manos de Penguin Random House involucradas en hacer posible que este ejemplar esté en las manos de los lectores.

Agradezco muchísimo a Ruchiramati Dharmachari. Gracias por leer y comentar mi manuscrito con tanta generosidad y amabilidad.

Tu acompañamiento me ayudó a tomar confianza en mi aspiración de compartir las enseñanzas budistas con mi propia voz. Gracias también por tu amistad espiritual.

A Kavindu (Alejandro Velasco) por atender gentil y sabiamente mis dudas sobre las enseñanzas. Gracias por responder a mis correos con tanta prontitud y claridad. Me ayudaste a no perderme tanto.

A todas las personas que han tomado algún curso o taller conmigo. Gracias por abrir sus oídos y su corazón en las clases que compartimos. Interactuar con ustedes fue esencial para aterrizar muchas de las ideas que plasmé en este libro.

Gracias, desde luego, a toda mi red de personas cercanas que me llenan de su amor. A mi madre, a mi padre, a mis hermanas y a mis sobrinos. A la familia de mi esposa que me hace sentir siempre en casa. A mis extraordinarios amigos y amigas, gracias por hacerme sonreír con el corazón.

A todos los maestros y divulgadores del Dharma que me he encontrado en el camino. Gracias por ayudarme a comprender las enseñanzas y por motivarme a ponerlas en práctica. No los nombro porque son muchos y posiblemente ninguno de ellos leerá este libro.

Gracias, Lupo, mi maestro perruno del Dharma. Cada vez más sabio, cada vez más abierto al amor.

Por último, gracias a ti, querido lector. Gracias por tomar este libro en tus manos, por dedicarle tiempo. Gracias por tu interés y tu apertura. No te conozco, pero estoy seguro de que eres una persona muy bonita. Así que te sonrío.

¡Gracias!

Esta obra se terminó de imprimir
en el mes de agosto de 2025,
en los talleres de Impresora Tauro, S.A. de C.V.
Ciudad de México.